SPRINGER COMPASS

Herausgegeben von
G. R. Kofer   P. Schnupp   H. Strunz

Peter Schnupp   Ute Leibrandt

Expertensysteme

Nicht nur für Informatiker

Zweite, korrigierte Auflage

Mit 47 Abbildungen

Springer-Verlag
Berlin Heidelberg New York
London Paris Tokyo

Dr. Peter Schnupp
InterFace GmbH
Arabellastraße 30
D-8000 München 81

Ute Leibrandt
Ingenieurbüro Ammermann GmbH
Sontraerstraße 1
D-3440 Eschwege

ISBN-13: 978-3-642-95566-2   e-ISBN-13: 978-3-642-95565-5
DOI: 10.1007/978-3-642-95565-5

CIP-Titelaufnahme der Deutschen Bibliothek
Schnupp, Peter:
Expertensysteme : nicht nur für Informatiker / Peter Schnupp ;
Ute Leibrandt. 2. Aufl. – Berlin ; Heidelberg ; New York ; London ;
Paris ; Tokyo : Springer, 1988
(Springer compass)

NE: Leibrandt, Ute:

Datenkonvertierung, Bindearbeiten: Appl, Wemding
2145/3140-543210

Vorwort des Herausgebers

Als ich dieses Buch anregte, dachte ich in erster Linie an Sie als meine Kollegen, die Manager. Zu Ihren wichtigsten Aufgaben gehört die ständige Rationalisierung von Arbeitsabläufen in dem Ihnen zugeordneten Verantwortungsbereich, um Kostensteigerungen zu bremsen oder Effizienzverbesserungen zu erzielen. Als herausragendes Hilfsmittel der Rationalisierung von Informationsverarbeitungsabläufen setzen Sie die automatisierte Datenverarbeitung ein, stoßen jedoch fast täglich an die Grenzen der heute verfügbaren Software.

Informationsverarbeitungsprozesse lassen sich automatisieren, wenn die benötigten Daten maschinell verfügbar gemacht werden können und die Verarbeitungsschritte sich algorithmisch beschreiben lassen. Ein Algorithmus setzt sich dabei aus vielen sequentiellen Einzelschritten zur Verarbeitung der Eingabedaten zu den gewünschten Ergebnisdaten zusammen. Bevor ein Informationsverarbeitungsprozeß automatisiert ablaufen kann, muß er in diese Einzelschritte zerlegt und mit Hilfe einer Programmiersprache präzise beschrieben werden. Läßt er sich nicht in solchen Einzelschritten formal beschreiben, dann ist er auch nicht automatisierbar, und auch der leistungsfähigste Computer ist dann unfähig, die Aufgabe zu lösen.

Ihre Mitarbeiter lösen solche Aufgabe dennoch, indem sie aufgrund ihrer persönlichen Erfahrungen assoziieren, eine oder mehrere Lösungsstrategien auswählen, mit Kollegen oder Vorgesetzten diskutieren, urteilen und schließlich entscheiden. Sie benutzen also menschliche Intelligenz und Erfahrungen in dem jeweiligen Fachgebiet, um eine Problemlösung zu finden. Auch Sie selbst könnten sicher eine Fülle von Managementaufgaben benennen, die nicht programmierbar und deshalb auch nicht automatisierbar sind.

Die bereits viele Jahre andauernden Forschungen zur Künstlichen Intelligenz haben als ein konkretes Anwendungsgebiet Expertensysteme hervorgebracht. Ein Expertensystem verfügt über eine Wissensbasis auf einem spezifischen Fachgebiet sowie über Problemlösungstechniken, die von Experten als geeignet zur Lösung von Problemen des ausgewählten Fachgebietes eingestuft wurden. Bei der softwaretechnischen Gestaltung von Expertensystemen stehen nicht die heutigen Möglichkeiten der Computertechnik mit ihrer sequentiellen Verarbeitungstechnik im Vordergrund, sondern es wird versucht, die menschliche Problemlösungsfähigkeit zu simulieren, um maschinell ähnlich gute, wenn nicht bessere, Ergebnisse wie bei einem durchschnittlichen menschlichen Experten zu erzielen.

Expertensysteme beginnen zur Zeit, das Experimentierstadium zu verlassen, die kommerzielle Nutzung steht unmittelbar bevor. Ihre praktische Einführung wird jedoch nur erfolgreich verlaufen, wenn die Entscheider über den Einsatz solcher neuen Technologien, also auch Sie, von ihrem Nutzen überzeugt werden können. Die

Entwicklung der theoretischen Grundlagen von Expertensystemen war und ist Forscheraufgabe, die Entwicklung kommerziell einsetzbarer Produkte ist die Aufgabe von „Knowledge Engineers" und Softwarespezialisten, die Durchsetzung von Expertensystemen in der Praxis jedoch ist und bleibt die Aufgabe des Managements.

Die vorliegende Einführung hat sich nicht nur zum Ziel gesetzt, die Leser dieses Buchs über Expertensysteme zu informieren, vielmehr möchte sie diesen Personenkreis auch motivieren, sich in den nächsten Jahren ernsthaft mit dem Einsatz von Expertensystemen in ihrem Verantwortungsbereich zu beschäftigen.

Wenn sich eine neue Technologie rasch entwickelt, dann herrscht an Fachliteratur nach kurzer Zeit kein Mangel. Mit den Fortschritten in der Entwicklung der Technologie spezialisiert sich jedoch auch die Literatur, die damit für den „Einsteiger" kaum mehr lesbar wird. Diesen unbefriedigenden Zustand haben wir vor einiger Zeit im Herausgeberkollegium der Compass-Reihe erörtert, und ich habe als Beispiel erwähnt, daß es – obwohl dringend erforderlich – derzeit keine „leicht lesbare", aber dennoch alle wichtigen Fakten enthaltende Einführung in die Theorie und Technik der Expertensysteme gibt. Mein Herausgeberkollege Dr. Peter Schnupp hat sich daraufhin spontan bereit erklärt, ein solches Buch zu schreiben. Ihm und seiner Mitarbeiterin und Koautorin Ute Leibrandt ist dieses Vorhaben in hervorragender Weise geglückt. So wie das vorliegende Buch wird auch in Zukunft ein Teil der Compass-Bücher speziell auf die Zielgruppe der Manager zugeschnitten sein. Ich wünsche diesem Buch Erfolg bei Managern und allen anderen Lesern, die sich darüber informieren wollen, was Expertensysteme sind und wozu sie angewendet werden können.

Dortmund, im November 1985   Horst Strunz

Vorwort

Ein Weiser gibt nicht die richtigen Antworten.
Er stellt die richtigen Fragen.

Claude Levi-Strauss, Anthropologe

Dieses Buch heißt „Expertensysteme" mit dem Untertitel „Nicht nur für Informatiker". Wir wollen damit auf zwei Punkte aufmerksam machen, auf die wir Wert legen.

Erstens: Wir haben uns bemüht, zwar ein Fachbuch zu schreiben, aber kein Informatik-Fachbuch. Wir wünschen uns, daß es ein Buch geworden ist, das auch derjenige mit Gewinn lesen kann, der nicht Informatik studiert hat und nicht programmieren kann. Sondern der sich aus beruflichen Gründen, aus Neigung oder vielleicht auch aus einem Gefühl des Mißbehagens dafür interessiert, was denn da mit dieser „Künstlichen Intelligenz" auf uns zukommt.

Zweitens: Wir sind aber der Meinung, daß dies besonders für Manager zutrifft. Manager sind die vielleicht wichtigsten Konsumenten von Expertenwissen. Denn eine ihrer Hauptaufgaben ist, dieses Wissen von Experten in Entscheidungen umzusetzen.

Also werden Manager sich zunehmend auch mit Expertensystemen auseinandersetzen müssen. Und zwar in vielerlei Weise:

- Sie können selbst Expertensysteme zur Entscheidungsvorbereitung nutzen.
- Sie können Ihren Experten Expertensysteme ebenso als Hilfsmittel zur Verfügung stellen, wie ihren Buchhaltern Rechenmaschinen und ihren Sekretärinnen Textverarbeitungssysteme.
- Sie müssen gelegentlich zwischen verschiedenen Expertisen wählen (wobei zuweilen sogar als besonderes Qualitätsmerkmal einer Ansicht betont wird, sie stamme aus einem Computer).
- Sie müssen vielleicht entscheiden, ob und wo es sich lohnt, Expertensysteme als Entscheidungshilfen zu entwickeln – als Erweiterung und Ergänzung ihrer bestehenden Datenverarbeitung oder auch als vermarktbares Produkt, als *eine* unter den vielen Möglichkeiten, Fachkenntnisse verkaufbar zu machen.

Um dies alles leisten zu können, müssen Manager wissen:
- Was gibt es für Expertensysteme?
- Was können sie, und was können sie nicht?
- Wie verläßlich sind Expertensysteme, und wie kann man sie kontrollieren?
- Wie aufwendig sind Expertensysteme, sowohl in der Anschaffung als auch in den Folgekosten?
- Wann ist eigentlich ein DV-System überhaupt ein Expertensystem?
  und, wenigstens im Prinzip,
- Wie funktionieren Expertensysteme und was sind ihre technischen Probleme?

Diese Fragen wollen wir in diesem Buch beantworten. Und sollten Sie kein Informatiker sein, sich aber trotzdem für unsere Antworten interessieren, dann lassen Sie sich bitte davon nicht abschrecken.

München, im Oktober 1985   Ute Leibrandt Peter Schnupp

Vorwort zur zweiten Auflage

Verfasser und Verlag freut es immer, wenn sie eine zweite Auflage herausbringen können. Dies allerdings aus verschiedenen Gründen. Der Verlag freut sich, daß sich das Buch gut verkauft. Und die Verfasser können endlich die vielen Fehler berichtigen, die im Umbruch bestimmt noch nicht drin waren – denn wie hätten wir sie sonst übersehen können?

Jetzt sind sie hoffentlich draußen; nicht zuletzt dank vieler Leser der ersten Auflage, die uns ihre Kommentare schickten und denen wir an dieser Stelle herzlich danken. Wenn man auf solche Weise gezeigt bekommt, daß das Buch nicht nur gekauft, sondern auch aufmerksam gelesen wird, freut das die Autoren nämlich noch zusätzlich.

Wenn Sie also sogar in dieser Auflage noch Fehler finden: ärgern Sie sich nicht über sie, sondern machen Sie uns mit ihrer Mitteilung eine Freude.

München, im April 1988   Ute Leibrandt Peter Schnupp

Inhaltsverzeichnis

1 Natürliche und künstliche Intelligenz

Computer sind dumm

Es gibt zahlreiche Histörchen, die beweisen sollen, daß Computer dumm sind. Viele davon sind vermutlich erfunden. Wie etwa das vom Übersetzungscomputer, dessen Übersetzung von „Der Geist ist willig, aber das Fleisch ist schwach" ins Russische angeblich lautete „Der Wodka ist gut, aber der Braten ist mißraten". Andere sind wahrscheinlich wahr, wie die Geschichte, daß ein „offener Rechnungsbetrag" von DM 0,00 so lange immer wieder automatisch angemahnt wurde, bis der frustrierte Kunde dem mahnenden Unternehmen einen Scheck über eben diese DM 0,00 schickte.

Daß wir die eine Geschichte für erfunden und die andere für wahr halten, ist reine Gefühlssache. Die Fehlübersetzung scheint uns ein bißchen zu glatt und geistreich. Dagegen ist die unsinnige Anmahnung für denjenigen, der täglich Computersysteme plant und programmiert, ein derart „normaler" Fehler, daß es ihn allenfalls wundern würde, wenn er nur ein einziges Mal aufgetreten wäre. Vielleicht sind auch beide wahr – darauf kommt es gar nicht an. Technisch plausibel sind beide, im Gegensatz zu manchen anderen. Etwa der Anekdote von dem Mann, der angeblich einen Datenbank-Rechner fragte, wo sein Vater sei. „Ihr Vater ist in Kanada und fischt Lachse." Und als der Mann dann grinsend antwortete: „Irrtum, mein Vater liegt schon seit zwei Jahren auf dem Nordfriedhof", habe der Computer ihn korrigiert: „Nein, das ist derjenige, der mit Ihrer Mutter verheiratet war. Ihr Vater ist in Kanada und fischt Lachse".

Diese Geschichte ist – im Gegensatz zu den beiden anderen – bestimmt nicht wahr. Jeder, der auch nur ein bißchen Umgang mit Computern hat, erkennt dies an vielen kleinen und großen Unstimmigkeiten:

- an dem flüssigen Dialog, den Mensch und Computer hier (Wie? Etwa gar in gesprochener Sprache?) abwickeln,
- an dem komplizierten Schluß des Computers, sein Gesprächspartner halte irrtümlich den Ehemann seiner Mutter auch für seinen Vater,
- und natürlich auch deshalb, weil nicht recht zu sehen ist, woher der Computer solche Intimdetails über die Familienverhältnisse in seiner Datenbank haben sollte.

Dabei scheint uns – Datenschutzgesetz hin oder her – der letzte dieser Punkte noch am wenigsten unglaubwürdig. Die beiden ersten sind heute, und sicher auch noch für einige Zeit, schlicht jenseits unserer technischen Möglichkeiten. Warum das so ist, werden Sie hoffentlich ebenfalls auf Anhieb erkennen, wenn Sie dieses Buch durchgelesen haben.

Das liegt daran, daß die Grundaussage der beiden ersten Geschichten leider wahr ist: Computer sind dumm. Als graue Kästen aus Metall, Glas, Silikon und Kunststoff sowieso, und das bißchen Intelligenz, das ihnen in Form der Software, der Daten und der Programme, eingespeichert wird, reicht gerade für die Fehlleistungen der ersten beiden Geschichten aus, nicht aber für das hochintelligente Verhalten in der dritten.

Künstliche Intelligenz

Damit ist ein Stichwort gefallen, das mit unserem eigentlichen Thema, den Expertensystemen, untrennbar verbunden ist: die *Intelligenz*. Wir möchten uns hier nicht auf eine Diskussion einlassen, was das eigentlich ist. Über die Definition des Begriffs Intelligenz, über seine verschiedenen Komponenten und über die Möglichkeit, ein Maß dafür zu finden und zu bestimmen, streiten sich seit Jahrzehnten viele Wissenschaftler.

Uns soll vorerst ausreichen, daß wir rein intuitiv die Computer in den ersten beiden Geschichten als „unintelligent" und in der letzten als „intelligent" einschätzen würden. Und wenn wir die ersten beiden Histörchen glauben können und das letzte nicht, liegt dies im Grunde daran, daß wir wissen, wie bescheiden derzeit noch die Erfolge auf dem Gebiet der künstlichen Intelligenz sind.

Das ist der Unterzweig der Informatik, der sich bemüht, Computern – vorwiegend per Software, teilweise aus Effizienzgründen auch mit besonderer Hardware – zu Leistungen zu verhelfen, die ein Mensch als „intelligent" bezeichnen würde. Die *künstliche Intelligenz*, zuweilen – vielleicht besser – auch als *Intelligenztechnologie* oder *Intellektik* bezeichnet, ist in den Vereinigten Staaten bereits seit einigen Jahrzehnten ein legitimes und mit reichlich finanziellen Mitteln ausgestattetes Forschungsgebiet. Und in Japan ist sie sogar die Grundlage eines großen, nationalen Forschungs- und Entwicklungsprojekts, das die Schaffung einer *Fünften Generation* von Rechnern zum Ziel hat: diese Systeme sollen nicht mehr die sogenannte *von Neumann-Architektur* aufweisen, nach der seit dem Zweiten Weltkrieg praktisch alle Computer konstruiert wurden, statt dessen sollen sie speziell für Aufgaben der künstlichen Intelligenz ausgelegt werden, und damit insbesondere für die Realisierung leistungsfähiger Expertensysteme.

Expertensysteme werden in den nächsten Jahren also in zunehmendem Maße auf dem Markt erscheinen und sicher auch zahlreiche klassische Computer-Anwendungen verdrängen oder ersetzen. Und wenn sie nicht aus Europa stammen, dann kommen sie eben aus Japan.

Bei uns in Europa galt die Beschäftigung mit den Grundlagen und Anwendungen der künstlichen Intelligenz nämlich lange irgendwie als „unfein", aus welchen Gründen auch immer. Ende der 60er Jahre wurde sie dann aber auch in England und Frankreich zunehmend akzeptiert, hier in Deutschland dagegen erst gegen Ende der 70er Jahre.

Dieses Fachgebiet zerfällt nun wieder in eine Reihe von Unterbereichen, die natürlich – vor allem in den praktischen Anwendungen – recht eng miteinander verwoben sind. Die wichtigsten sind

- das Verstehen natürlicher Sprache,
- die Übersetzung von Texten aus einer Sprache in eine andere,
- das Erkennen von Bildern und Szenen, etwa in einem Fernsehbild,
- die Robotik,
- die Entwicklung von Programmen, die bei intellektuell anspruchsvollen Spielen
  wie Schach oder Dame das Niveau guter menschlicher Spieler erreichen oder gar
  übertreffen,
- die Entwicklung „intelligenter Dialogschnittstellen" für traditionelle Computer-
  anwendungen in Wirtschaft, Technik und Wissenschaft,
- das automatische Finden und Beweisen logischer oder mathematischer Sätze,
- und die Entwicklung von Computersystemen, die auf einem Wissens- und Fachgebiet menschliche Experten unterstützen oder ersetzen können, eben die Expertensysteme, die hier unser eigentliches Thema sind.

Wenn wir also im folgenden über Expertensysteme reden, dann reden wir zwangsläufig auch über künstliche Intelligenz, den Oberbegriff (ganz davon zu schweigen,
daß einige ihrer sonstigen Anwendungen, wie das Führen mathematischer Beweise
oder das Schachspielen, als das Programmieren speziellen Expertenwissens angesehen werden können). Und umgekehrt, wir werden Ihnen auch einige Fakten und
Ergebnisse darstellen, die vielleicht nicht mittelbar in das Gebiet der Expertensysteme gehören, Ihnen aber helfen, diese und die Probleme und Techniken bei Ihrer
Konstruktion und Anwendung besser zu verstehen.

Wir haben bereits gesagt, daß das, was Computer an Intelligenz besitzen, von
Programmierern für sie als Software entwickelt werden muß. Sind uns unsere Computer zu unintelligent, so liegt dies also letztlich an den Programmen. Was die Frage
nahelegt, warum die Softwareentwickler keine intelligenten Programme schreiben.
Darauf gibt es eine ebenso naheliegende Antwort.

Programmieren ist schwierig

Programmieren ist aus verschiedenen Gründen nicht einfach. Es erfordert eine Reihe technischer Kenntnisse, vom Wissen über die verwendete Hardware, ihr Be-
triebssystem, die einzusetzende Programmiersprache und Hilfssoftware wie Datenbanken und Datenübertragungssysteme bis zu Fertigkeiten wie dem strukturierten
Aufbau der Programme und dem Finden und Beheben von Fehlern. Es verlangt
verschiedene menschliche Qualitäten, die teilweise sogar als widersprüchlich emp-
funden werden: Genauigkeit, Fantasie, Teamfähigkeit, Konzentration ... .

Aber das ist nur ein Aspekt des Problems. Es gibt (beinahe) genügend Menschen,
die diese Eigenschaften haben; unzählige konventionelle Computerprogramme,
die ordentlich bis gut funktionieren, zeugen davon, daß ihre Autoren ihr DV-technisches Wissen beherrschen.

Die wirklichen Schwierigkeiten der Softwareherstellung liegen – vor allem bei
kommerziellen oder organisatorischen Anwendungen und bei der Unterstützung
höher qualifizierter Aufgaben im fachlichen und dispositiven Bereich – woanders:
zur Planung und Realisierung brauchbarer Software reichen DV-technische Kenntnisse nicht aus. Man braucht auch *Expertenwissen* über den zu unterstützenden
Fachbereich. Im Unterschied zum DV-Experten bezeichnet man diese zweite Grup-

pe von Spezialisten auch oft als die *Fachexperten* oder – auf englisch – als die *domain experts*, eine zuerst etwas schwer verständliche, aber in der Literatur häufige Wortprägung.

So kann man keine Produktionssteuerung programmieren, ohne etwas von Material-, Personal- und Zeitwirtschaft zu verstehen. Zur Automatisierung einer Lohnabrechnung gehört so unterschiedliches Fachwissen wie die geeignete Erfassung und Bewertung der Einzelarbeiten auf der einen und die richtige Berechnung von Steuern und Abzügen auf der anderen Seite. Und in ein System zur Diagnose von Krankheiten fließt exaktes medizinisches Wissen ebenso ein wie die praktischen Kenntnisse erfahrener Spezialärzte und Verfahren der Wahrscheinlichkeitsrechnung zur statistischen Bewertung der möglichen Alternativen.

Das so entstehende Kommunikationsproblem zwischen Datenverarbeitungs- und Fachexperten ist, wie jeder erfahrene Projektleiter in der Anwendungsprogrammierung aus leidvoller Erfahrung weiß, die eigentliche Schwierigkeit bei der Erstellung guter Software für nichttriviale, praktische Aufgaben. Es wird dadurch erschwert, daß ein Softwareprodukt, wie in Abbildung 1-1 angedeutet, zudem noch

Abb. 1-1 Traditionelle Programmierung verlangt gleichzeitige Entwicklung eines Datenmodells und der es bearbeitenden Algorithmen

aus zwei Teilen besteht: der *Datenbasis* und den *Programmen*, die in der Fachsprache meist als *Algorithmen* bezeichnet werden. Die Planungsaufgabe, welche DV- und Fachspezialisten gemeinsam lösen müssen, besteht im Entwurf

- eines *Datenmodells*, welches die Strukturen, Abhängigkeiten, möglichen Wertebereiche und die dem Benutzer angemessene Ein- und Ausgabe-Darstellungsform der Daten beschreibt,
  sowie
- eines *Funktionsmodells*, das die zur Dateneingabe, -bearbeitung und -ausgabe benötigten Algorithmen festlegt.

Zu beidem braucht man in der konventionellen Programmierung sowohl fundiertes DV-technisches als auch fachspezifisches Wissen, was zu den bereits erwähnten Kommunikationsschwierigkeiten führt. Die Tatsache, daß Datenverarbeitungs- und Anwendungs-Fachexperten in der Regel auch völlig verschiedene Fachsprachen sprechen und sich deshalb noch nicht einmal gegenseitig verstehen, macht ihr Kommunikationsproblem dann oft schon bei relativ einfachen Fachproblemen nahezu unlösbar.

Diese Situation führte dazu, für komplexere DV-Aufgaben, die größere Wissensgebiete in einem Informationssystem zusammenfassen und zugänglich machen sollen, eine neue Berufsgruppe zu erfinden, den *knowledge engineer*, was man in deutsch wohl als *Wissensingenieur* wiedergeben müßte. Diese Leute sollen Mehrfach-Spezialisten sein und neben den software-technischen Kenntnissen eines guten Systemanalytikers auch noch fundiertes Anwendungswissen in ein oder gar mehreren Fachdisziplinen haben.

In der Praxis sind derart qualifizierte „Wissensingenieure" kaum zu finden: schon auf einem Gebiet zum wirklichen Experten zu werden, erfordert meist die gesamte intellektuelle Potenz, die ein Mensch aufbringen kann.

Aus dieser Problemlage entstand die in Abbildung 1–2 skizzierte Grundidee für den Aufbau eines Expertensystems: man trenne einfach das benötigte Expertenwissen entsprechend den beiden Hauptkomponenten eines Softwaresystems. Für die Datenbasis soll ausschließlich der Fachexperte des betreffenden Anwendungsgebiets zuständig sein, also etwa ein Arzt für medizinische Diagnosesysteme oder ein Betriebswirt für ein Finanzrechnungssystem. Diese Fachexperten sollen dann ihr jeweiliges Fachwissen als *Fakten* und *Regeln* in die Datenbasis einbringen. Dazu brauchen sie natürlich eine geeignete Sprache, die möglichst ihrer Fachsprache nachgebildet sein soll – etwa Formeln bei mathematisch-naturwissenschaftlichen Sachverhalten, formallogische Beschreibungsmittel in anderen Wissenschaften oder Tabellen und Organisationspläne im Verwaltungsbereich.

Die Software-Spezialisten sollen sich dagegen ausschließlich um die Algorithmen kümmern. Ihre Aufgabe ist es, ein „allgemeines Problemlösungs-Programm" zu schreiben, das die ihm in der Datenbasis jeweils vorgegebenen Fakten und Regeln verwendet, um die gestellten Fragen zu beantworten und Probleme zu lösen. Dieses Programm bezeichnet man oft als *Inferenzmaschine*, weil es „Inferenzen", also „Schlüsse" aus gegebenen Tatsachen und Regeln zieht.

Diese Grundidee ist schon recht alt; bereits Anfang der 60er Jahre wurde versucht, einen *General Problem Solver (GPS)* zu entwickeln. Mit der beschränkten Hardware und dem gegenüber heute geringen softwaretechnischen Wissen der damaligen Zeit kam das Projekt jedoch nicht über das Modellstadium hinaus. Das Sy-

Abb. 1-2 Inferenzmaschine mit Dämon

stem konnte Denksportaufgaben lösen, nicht jedoch praktische Probleme, die umfangreiche Daten- und Wissensbasen erfordern.

Heute ist die Situation anders. Bereits größere Arbeitsplatzrechner sind in Hardware und Software den damaligen Großrechnern weit überlegen. Und deshalb können wir Ihnen in den folgenden Kapiteln von Software berichten, die das beschriebene Konzept in einer auch für die Praxis brauchbaren Form verwirklicht, dem *Produktionssystem*, das als allgemeines Lösungskonzept zumindest in der Theorie jedes überhaupt konstruierbare Expertensystem in standardisierter Form zu realisieren gestattet. Allerdings – nicht immer reicht die Effizienz dieser allgemeinen Lösung aus. Auch darüber werden wir Ihnen einige Informationen geben.

Zuvor sollten wir aber noch ein anderes Problem ansprechen ...

Wer kontrolliert die Experten(-Systeme)?

Wir haben gesehen, daß in einem Expertensystem die *Wissensbasis* und der aus ihr Schlüsse ableitende Mechanismus, die *Inferenzmaschine*, wesentlich strenger getrennt sind als in einem anderen Anwendungsprogramm. Insbesondere haben

Fachexperten bei der Konstruktion des eigentlichen Systems „nicht mehr mitzureden". Wenn wir uns dann noch vergegenwärtigen, wieviel Fehler (leider) schon die konventionellen Programme enthalten, muß die Frage erlaubt sein, wieso wir eigentlich annehmen sollen, das, was uns ein Expertensystem als Antwort auf unsere Frage offenbart, sei richtig?

Wenn wir ehrlich sind: wir wissen es auch nicht. Dazu eine kleine Geschichte.

Vor etlicher Zeit wollte einer der Autoren eine (damals) neue Programmiersprache ausprobieren. Er schrieb dafür ein ganz kleines Expertensystem auf dem Fachgebiet der Prieks und Lapümfen (falls es Ihnen nicht geläufig ist, gedulden Sie sich bitte noch etwas, wir werden später ausführlicher darüber reden).

Nachdem er das System fertig hatte, stellte er ihm die Frage, welcher Priek welche Lapümfe gnaselt (das Gnaseln von Lapümfen ist eine der wesentlichen Beschäftigungen eines Prieks), und er erhielt auch ein durchaus plausibles Resultat.

Glücklicherweise fand er in der einschlägigen Literatur die korrekte Antwort. Und die stimmte mit der des Expertensystems nicht im geringsten überein! Eine nochmalige Kontrolle des Programms führte dann auch auf einige ernste Fehler.

Das Wesentliche an dieser Geschichte ist, daß bis zur Überprüfung der Systemantwort an Hand der bekannten, korrekten Lösung keinerlei Verdacht auftauchte, das System liefere falsche Resultate. Schließlich war keiner von uns Experte für Lapümfen und Prieks, und deshalb konnte auch keiner das „Gefühl" haben, die Antwort des Systems sei unplausibel.

Die Moral aus dieser Geschichte ist, daß niemand ein Expertensystem kontrollieren kann, es sei denn, er ist selbst (zumindest ein bißchen) Experte. Das führt zu zwei Konsequenzen, die wir gerne in Rot schreiben würden, wäre ein zweifarbiger Druck nicht zu teuer (aber vielleicht können Sie sie mit einem Marker einfärben):

- Expertensysteme sind Hilfsmittel für Experten, keine Orakel für ahnungslose, aber vertrauensvolle Laien. Einem Arzt ein Diagnosesystem zur Verfügung zu stellen, ist sicher vernünftig. Den Patienten mit dem Diagnosesystem allein zu lassen, wäre verantwortungslos.
- Ein Expertensystem muß auf Anforderung erklären können, wie es zu seiner Antwort kam. Und zwar in einer Sprache, die der Experte versteht. Wenn das Diagnosesystem unserem Arzt die Antwort gibt, der Patient leide an einer seltenen Tropenkrankheit, so muß es ihm auch sagen, wie es zu diesem Schluß kam. Und es muß ihm das – dem Arzt vielleicht nicht präsente – Wissen über diese Krankheit so aufbereitet zur Verfügung stellen, daß der menschliche Experte seinen automatischen Kollegen überprüfen kann.

Ein Expertensystem kann und soll also niemals dem Menschen seine Entscheidung abnehmen – es kann immer nur eine Hilfe zur Entscheidungsfindung sein. Die beste Formulierung dieser Einsicht fanden wir in einer Umfrage über das Thema *Computer* in der Zeitschrift *Eltern* (Heft 11, Nov. 1984). Sie stammt von einem gewissen 14-jährigen *Martin*, dessen Nachname leider nicht verraten wird:

„Sogar in der Liebe regelt der Computer alles. Wenn eine Frau mit einem Mann schlafen will, befragt sie erst den Computer. Sagt dieser dann ‚Nein', *befragt sie einen anderen Computer.*"

Und der entscheidende Mensch sollte sich natürlich auch nie kritiklos auf die Richtigkeit automatisch erzeugter Informationen, Diagnosen oder Lösungsvorschläge verlassen. Schließlich tut er das bei seinen menschlichen Kollegen und Mitarbeitern auch nur in seltenen Fällen. Und – wie gesagt –man kann davon ausgehen, daß der Computer dümmer ist als diese ...

Wann ist ein Expertensystem ein Expertensystem?

Vielleicht haben Sie aber noch aus einem anderen Grund ein etwas unsicheres Gefühl: wann ist nun eigentlich ein Programm ein Expertensystem, und wann sollte man besser von normaler Anwendungssoftware sprechen? Diese Unsicherheit ist berechtigt. Wie bei vielen Begriffen der Datenverarbeitung gibt es hierfür noch keine exakt festgelegte, allgemein anerkannte Definition. Und das legt es natürlich Softwareherstellern und vor allem ihren Werbeberatern nahe, diesen attraktiven Begriff auf jedes Anwenderprogramm anzuwenden, das eine nicht gerade völlig unintelligente Dialogschnittstelle und gänzlich triviale Datenbasis hat.

Deswegen zählen wir hier einige Anforderungen auf, die *wir* an ein Expertensystem stellen würden. Sie sind subjektiv, aber Ihnen vielleicht trotzdem hilfreich.

- Ein Expertensystem sollte eine **Wissensbasis** enthalten, die einen Bereich *menschlicher Expertise* abdeckt.
- Es sollte aus dieser Wissensbasis *Schlüsse* nach einer festgesetzten Problemlösungsmethode ziehen können; den hierfür nötigen Mechanismus nennt man in der Fachsprache **Inferenzmaschine**. Eine derartige, softwaretechnisch realisierte „Maschine" sollte deshalb neben der Wissensbasis ein „vorzeigbarer" Bestandteil des Expertensystems sein.
- Die Inferenzmaschine sollte sich in ihrem Problemlösungsverfahren an dem orientieren, was auch ein menschlicher Experte einsetzen und nachvollziehen kann. Insbesondere sollte eine **Erklärungs-Komponente** auf Anforderung die Schlussfolgerungen erläutern können. Dies dient vor allem auch der *Audit-Fähigkeit*, d.h. der Nachkontrollierbarkeit der Ergebnisse.
- Die Wissensbasis sollte vom Experten direkt in einer Form in den Rechner eingebbar sein, die der **Fachsprache** des betreffenden Wissensgebiets angepaßt ist.
- Der die Wissensbasis eingebende, menschliche Experte sollte die Eingabe auf die **Fakten** und **Regeln** seiner Disziplin beschränken können. Er soll sich somit nur um das „Was", das fachspezifische Wissen, nicht aber um das „Wie" seiner Bearbeitung im Rechner oder der Dialogführung mit dem Benutzer kümmern müssen. Insbesondere sollte man zur Installation und zur Pflege des Expertensystems keinen *Wissensingenieur* mehr benötigen.
- Das System sollte durch Eingabe neuer Fakten und Regeln jederzeit **erweiterungsfähig** sein. Zuweilen wird auch verlangt, ein Expertensystem müsse **lernfähig** sein, d.h. es solle aus Erfahrungen (etwa dem Verlust eines Spieles oder der „Unzufriedenheit" des Benutzers) neue Fakten und Regeln ableiten. Wir halten diese Eigenschaft zwar für wünschenswert, befürchten aber, daß kaum noch existente „Expertensysteme" übrigbleiben, erhebt man sie zur Forderung.
- Das System sollte eine **intelligente Benutzerschnittstelle** besitzen. Diese kann *natürliche Sprache* verwenden, kann aber auch andere Darstellungsmittel wie Formulare, Graphik, Menuführung benutzen.

- Auf jeden Fall sollte es dem Benutzer **Hilfen** anbieten können, z.B. eine Auswahl der nächsten sinnvollen Eingaben oder genauere Erklärungen aufgetretener Fehler.
- Ist das zu verwaltende Expertenwissen nicht „exakt", sondern beruht es auf statistischen Wahrscheinlichkeiten – z.B. ärztliche Diagnose, Exploration von Bodenschätzen, Unterstützung kommerzieller Entscheidungsfindung – so muß das System **probabilistische Aussagen** ableiten können und nicht ein nur wahrscheinliches Ergebnis als „sicher" behaupten.
- Das System sollte ein **Experimentieren** mit „Was-wäre-wenn-Szenarios" von Seiten des Benutzers erlauben. Dies bedeutet, daß der Benutzer auf einfache Weise für die Zeitdauer seines Experiments neue Fakten und Regeln in das System eingeben und andere löschen können muß. Diese Eigenschaft ist für den Manager, der Entscheidungsalternativen prüft, ebenso wichtig wie für den forschenden Wissenschaftler oder den Studenten, der das Expertensystem als „automatisierten Lehrer" einsetzen will.

Diese Liste von Forderungen an ein Expertsystem ist sicher subjektiv und damit angreifbar (vor allem wird sie von denjenigen angegriffen werden, die Ihnen ein Expertensystem verkaufen wollen). Sie wird Ihnen aber trotzdem nützlich sein – nicht nur bei der Systemauswahl, sondern auch, um bei den folgenden, mehr technischen Ausführungen die praktischen Ziele und Anforderungen nicht aus dem Auge zu verlieren.

Literaturhinweise

Wie bereits gesagt wurde das Gebiet der künstlichen Intelligenz und insbesondere das der Expertensysteme in Europa allgemein und speziell in Deutschland erst viel später aufgegriffen als in den USA. Dementsprechend sind auch die meisten der wirklich empfehlenswerten Bücher und Aufsätze hierüber nicht in Deutsch geschrieben.

Wir haben uns deshalb entschlossen, in den Literaturhinweisen das leider vorhandene Ungleichgewicht zwischen englisch- und deutschsprachigen Schriften nicht zu beschönigen und nicht zu versuchen, uns auf deutschsprachige Arbeiten zu beschränken.

Wenn man sich mit *künstlicher* Intelligenz beschäftigt, ist es sehr nützlich, wenn man über die *natürliche* Bescheid weiß. Die vielleicht beste Einführung in die derzeit gültigen Kenntnisse und Modellvorstellungen über die menschlichen Sinneswahrnehmungen und Denkprozesse ist

P.H. Lindsay, D.A. Norman, **Human Information Processing**, Academic Press, New York (1977).

Eine gute Zusammenstellung verschiedener Aspekte der künstlichen Intelligenz und der Expertensysteme enthalten die beiden Bücher

Donald Michie, **Machine Intelligence and Related Topics** und **Introductory Readings in Expert Systems**, beide bei Gordon and Breach Science Publishers, London (1982).

Sie sind von einem der profiliertesten, aber auch streitbarsten und eigenwilligsten der europäischen Wissenschaftler auf diesem Gebiet geschrieben und enthalten deshalb neben Sachinformationen auch viel wissenswertes Hintergrundmaterial.

Eine wissenschaftlich anspruchsvolle, aber trotzdem gut lesbare und ziemlich vollständige Einführung in das Gesamtgebiet der künstlichen Intelligenz und die verschiedenen technischen Ansätze und Verfahren ist

Nils J. Nilsson, **Principles of Artificial Intelligence**, Springer-Verlag, Berlin Heidelberg New York (1982).

Ein sehr gut lesbares, „journalistisch" geschriebenes Buch über die Entwicklung der Künstlichen Intelligenz in den USA ist

Frank Rose, **Into the Heart of the Mind – An American Quest for Artificial Intelligence**, Harper & Row, New York (1984).

Das Werk entstand durch Zusammenfassung von Aufsätzen aus *Esquire* und ist empfehlenswert, weil es sowohl technische Ideen verständlich macht als auch viele Hintergrundinformationen über Menschen, Institutionen und Ereignisse in diesem Arbeitsbereich gibt.

Die ersten deutschsprachigen Bücher über verschiedene Aspekte der künstlichen Intelligenz waren die Berichtsbände über Tutoriumsveranstaltungen, welche in Teisendorf und in Berlin durchgeführt wurden:

W. Bibel, J.H. Siekmann (Hrsg.), **Künstliche Intelligenz**, Informatik-Fachberichte **59**, Springer-Verlag, Berlin Heidelberg New York (1982).

und

W. Giloi, M. Schulze-Vorberg jr. (Hrsg.), **Intelligenztechnologie**, Teubner, Stuttgart (1983).

Daß auch deutsche Rechnerhersteller auf diesem Gebiet sehr aktiv sind und sich vor ihrer ausländischen Konkurrenz keineswegs zu verstecken brauchen, erfährt man aus

Stuart E. Savory (Hrsg.), **Künstliche Intelligenz und Expertensysteme**, Forschungsbericht der Nixdorf Computer AG, Oldenbourg, München (1985).

Ein deutschsprachiges Lehrbuch ist schließlich noch

M. Stede, **Einführung in die künstliche Intelligenz**, Luther Verlag, Sprendlingen (1983).

Das Buch ist anspruchslos aufgemacht, gibt aber einen recht guten Überblick über die wichtigsten Ideen und Techniken. Sein Untertitel *Methodische Grundlagen* zeigt, daß der Verfasser es offenbar als ersten Band angelegt hat.

2 Grundkonzepte von Expertensystemen

Wo werden Expertensysteme eingesetzt ?

Expertensysteme werden vor allem dort eingesetzt, wo es noch keine exakten *Theorien* und keine ausgearbeiteten *Algorithmen* gibt, sondern nur Erfahrungswerte, bruchstückartige Regeln und Heuristiken. Da das vorhandene Wissen auf diesen *diffusen Gebieten* nicht theoretisch ausreichend aufbereitet ist, kann es weder an Hand von Beispielen als Ausprägung allgemein gültiger Gesetzmäßigkeiten vermittelt noch auf einfache Weise in konventionelle Computerprogramme umgesetzt werden. Die Kenntnisse eines Fachexperten stammen dort vielmehr aus langjähriger Erfahrung und der Analyse von Fallstudien.

Ein anderer lohnender Einsatzbereich bietet sich dann, wenn zwar schon Theorien und Algorithmen ausgearbeitet wurden, es aber *praktisch* nicht möglich oder nicht sinnvoll ist, alle theoretisch denkbaren Fälle durchzuprobieren. So müßten beim Schachspiel etwa 10 hoch 120 Fälle überprüft werden, um den optimalen Gewinnzug herauszufinden, beim Damespiel wären es immer noch 10 hoch 42 Züge!

Kann in solchen Wissensgebieten ein Experte sein Wissen als *Fakten* und *Regeln* – und seien es auch nur „Daumenregeln" – zusammenfassen, so reduziert sich oft die Zahl der noch zu untersuchenden Fälle beträchtlich.

Eines der erfolgreichsten Expertensysteme, *Dendral* zur Bestimmung möglicher chemischer Strukturen, reduziert so die nahezu unendliche Vielfalt in der denkbaren Anordnung von Atomen durch den Einsatz *heuristischer* Regeln auf eine handhabbare Menge. Und die Interpretation von Strichzeichnungen räumlicher, geometrischer Figuren durch Computer beruht wesentlich darauf, daß Regeln über die möglichen Kantenkonfigurationen die Interpretation jedes gezeichneten Strichs wesentlich einschränken.

Zwei Beispiele können typische Anwendungen von Expertensystemen zeigen:

Die Firma General Electric mußte ihren besten Experten auf dem Gebiet der Fehleranalyse und -behebung bei Diesel-Lokomotiven in den Ruhestand treten lassen. Seine 40jährige Erfahrung drohte verlorenzugehen, denn es gab aus verschiedenen Gründen keinen auch nur annähernd gleich qualifizierten Nachfolger. Deshalb wurde nach einer Möglichkeit gesucht, sein Wissen zu bewahren.

Die Techniken und Entscheidungen dieses Experten bei einer Fehlerdiagnose konnten nicht in eine Theorie gefaßt werden – sie waren keine Anwendungen allgemeiner Grundgesetze. Seine Methode der Datenauswertung beruhte allein auf seinen praktischen Erfahrungen, die sich im Laufe seines langen Arbeitslebens bereits zur „Intuition" sublimiert hatten.

In Zusammenarbeit mit diesem Fachmann und einem Wissensingenieur entstand das auf 1200 Regeln basierende Expertensystem *Dart/Cats-1*. Es kann Fehler analysieren und mit Videofilmen und Zeichnungen Anweisungen zur Fehlerbehebung geben. Dieses Diagnosesystem läuft auf einer PDP 11/23 mit einer 10 Mbyte-Platte, und graphischer Hardware. Es steuert einen Bildplattenspieler, der jeweils die notwendigen Fehlersuch- und Reparaturvorgänge vorführt.

Ein anderes Einsatzgebiet zeigt *Steamer*, ein bei *Bolt Beranek & Co.* für Schulungszwecke entwickeltes Expertensystem. Eine Reederei suchte nach einer Möglichkeit, die Ausbildung ihrer Schiffsingenieure an Land durchführen zu können. Denn zum einen ist die Ausbildung auf hoher See sehr kostspielig, zum anderen ist

Interpretation
- Massenspektrogramme
  Dendral
- geologische Meßdaten
  Dipmeter, Advisor, Prospector

Diagnose
- bakteriogene Infektionskrankheiten
  Mycin
- Lungenkrankheiten
  Puff

Lehren
- Reparatur elektron. Bauelemente
  Sophie
- Steuerung von Maschinen
  Steamer
- Abfrage von Wissen über bakteriogene
  Infektionskrankheiten
  Guidon

Beweisen
- Anwendung mathemetischer Axiome
  Macsyma

Planen
- Planung molekulargenetischer Experimente
  Molgen

Konstruktion
- Konfigurierung von Computer-Systemen
  R1, Conad

Abb. 2-1 Beispiele für Anwendungen von Expertensystemen

es aber auch praktisch gar nicht möglich, alle die Ereignisse, mit denen ein Schiffsingenieur fertig werden sollte, tatsächlich auf hoher See durchzuspielen.

Bei *Steamer* zeigt ein Graphikbildschirm die Anzeigetafel einer Schiffsmaschine. Diese selbst muß ebensowenig wie alle anderen Geräte aufgebaut werden, sondern sie wird durch einen Rechner simuliert. Die Anweisungen und Maßnahmen des angehenden Schiffsingenieurs werden ausgeführt, und ihr Ergebnis ist auf den Meßskalen ablesbar.

Allerdings handelt es sich hier *nicht nur* um eine übliche Simulation. Das Wichtigste bei *Steamer* ist, daß der Lernende erfragen kann, *warum* seine Angaben zur beobachteten Reaktion führten. Diese Erklärungskomponente ist typisch für ein Expertensystem und der entscheidende Unterschied zu konventionellen Simulatoren.

So können Expertensysteme Wissen über komplizierte Zusammenhänge bewahren. Sie können es für Diagnosen und Problemlösungen nutzen. Und sie können den zukünftigen Experten schulen und ihn sein Wissen erproben lassen, ohne die hohen Kosten und vielleicht auch Gefahren einer praktischen Durchführung der Schulungsmaßnahmen zu verursachen.

Die Abbildung 2-1 stellt eine Reihe derzeit eingesetzter Expertensystem-Anwendungen zusammen.

Wie bildet ein System das Denken und Schlußfolgern eines Experten nach?

Ein voll ausgebautes Expertensystem besteht im allgemeinen aus fünf verschiedenen Komponenten:
- Die **Wissensbasis (knowledge base)**
  bildet die Grundlage. Sie enthält alle Kenntnisse des Fachmanns, meist in Form von *Fakten* (deklarativem Wissen) und *Regeln* (prozeduralem Wissen), oder auch als *Rahmen* (Beschreibungen von Objekten) und *Skripten* (Beschreibungen von Abläufen).
- Der **Schlußfolgerungs-Mechanismus (inference machine)**
  dient der Wissensauswertung. Er sucht und verknüpft Fakten und Regeln nach einer vorgegebenen *Strategie* und *produziert* so Folgerungen und Ergebnisse.
- Die **Erklärungskomponente (explanation component)**
  kann dem Anwender begründen, durch welche Regeln und Fakten ein Ergebnis zustande kam, und sie gibt dem Experten die Möglichkeit zu überprufen, ob das System seine Schlußfolgerungen korrekt nachbildet.
- Der **Dialogteil (dialog management)**
  lenkt das Gespräch zwischen Anwender und Computer. Dabei ist es meist Ziel der Entwickler von Expertensystemen, den Dialog entweder in einer weitgehend natürlichen Sprache zu führen, oder aber die Ergebnisse graphisch oder in anderer, leicht verständlicher Form darzubieten.
- Die **Wissensakquisition (knowledge acquisition)**
  ermöglicht es dem System zu „lernen", das heißt neues Wissen in die Wissensbasis einzufügen oder altes Wissen zu verändern, ohne daß dies explizit programmiert werden muß.

Ein gutes Expertensystem unterstützt den Fachexperten beim Hinzufügen von neuem Wissen, indem es die eingegebenen Fakten und Regeln auf die innere Logik und teilweise auch auf ihre Plausibilität überprüft.

Diese Überprüfung kann natürlich nicht ergeben, ob das neue Wissen wirklich sinnvoll ist. Aber das System kann dem Experten mitteilen, ob er das übliche Regelschema verlassen hat, oder es kann feststellen, daß eine eingegebene Regel im Gegensatz zu einer schon existierenden Behauptung steht.

Die erstgenannte, rein formale Prüfung bezeichnet man als *syntaktisch*, die zweite, auf die Konsistenz und innere Logik der gesamten Wissensbasis zielende, als *semantisch*.

Derzeit noch Fernziel – bis auf wenige, meist noch im Laborstadium steckende experimentelle Muster für sehr beschränkte Anwendungsbereiche – ist die „echte" *Lernfähigkeit*. Sie soll es dem System ermöglichen, aus seinen Erfahrungen, wie etwa dem Gewinn oder Verlust eines Spiels, für sich selbst neue Regeln abzuleiten oder bereits in seiner Wissensbasis vorhandene zu verbessern.

Was unterscheidet ein Expertensystem von herkömmlichen Datenbanken?

Auf den ersten Blick mögen Sie jetzt vielleicht annehmen, es handle sich bei einem Expertensystem um nicht viel mehr als eine Datenbank mit einem komfortablen Abfragesystem. Doch ein Expertensystem ist mehr.

Drei Eigenschaften charakterisieren ein Expertensystem. Es ist

heuristisch,

lernfähig und

selbsterklärend.

Die Anwendung der Regeln erfolgt in einem Expertensystem im allgemeinen *nicht deterministisch*, also nach streng vorgegebenen, unveränderlichen Abläufen (*Algorithmen*), wie dies für konventionelle Computerprogramme typisch ist, sondern nach dem *heuristischen Prinzip*: Bei jeder anliegenden Entscheidung stehen meistens mehrere Wege offen, von denen jeder *möglicherweise* erfolgreich sein kann.

Nun könnte man natürlich alle diese in Frage kommenden Regeln in einer einmal vorgegebenen Reihenfolge ausprobieren. Ein herkömmliches Programm oder ein Abfragesystem für eine Datenbank würden dies auch so tun. Aber je größer das Problem, je öfter Entscheidungen getroffen werden, umso zeitraubender ist dieses Verfahren. Man spricht hier von der *kombinatorischen Explosion* des Problems; in späteren Kapiteln werden Sie noch Beispiele hierfür finden.

Um zu vermeiden, sich in falsche Zweige der Entscheidungsbäume zu versteigen, werden Annahmen über die Wichtigkeit der Fakten, Regeln und gewonnenen Erkenntnisse gemacht. Diese *Arbeitsvorschrift* wird entweder beim Erstellen der Wissensbasis von Fachexperten festgelegt, oder sie kann vom Expertensystem selbst geplant und fortgeschrieben werden. Im zweiten Fall werden die anliegenden Tätigkeiten, nach ihrer Erfolgswahrscheinlichkeit, Wichtigkeit oder Vordringlichkeit geordnet, in eine *Agenda* eingetragen und aus dieser Aufgabenliste der Reihe nach abgearbeitet.

Hat das Expertensystem etwa herausgefunden, daß zu einem von ihm auf einem Bild zu identifizierenden Gegenstand vier Räder gehören, so sollte wahrscheinlich die Regel

    "Ein Auto hat vier Räder"

vor der Regel

    "Ein Anhänger hat vier Räder"

geprüft werden, da die Wahrscheinlichkeit, ein Auto zu finden, die größere ist. Denn „im allgemeinen" gibt es mehr Autos als Anhänger. Deshalb ist die Wahrscheinlichkeit, auf einem Bild ein Auto zu identifizieren, größer als die für einen Anhänger.

Hat das Expertensystem aber bis jetzt meistens Anhänger gefunden, so kann es sich das vielleicht gemerkt haben. Dann hat die „Anhänger"-Regel auf Grund der Erfahrung des Systems eine größere Gewichtung bekommen.

Dies leitet schon über zu dem zweiten möglichen Unterschied zwischen konventioneller Software und Expertensystem, der *Lernfähigkeit*

Im Idealfall ist ein Expertensystem *aktiv lernfähig*; ein Beispiel dazu war oben die Regelbewertung für „Auto" und „Anhänger". Hier merkt sich das System gewonnene Erfahrungen und verwendet sie weiter.

Derzeit sind aber, wie schon gesagt, unsere Expertensysteme meist nur *passiv* lernfähig. Dann können neue Fakten und Regeln von Fachexperten oder Benutzern in ein bestehendes System eingefügt werden, ohne es neu programmieren zu müssen. Es gibt bereits Werkzeuge, die diese passive Lernfähigkeit unterstützen, wie *Teiresias*, die Wissensakquisitions-Komponente des Diagnosesystems *Mycin*, das wir uns im nächsten Kapitel genauer ansehen werden.

Neben dem *heuristischen Verhalten* und der *Lernfähigkeit* ist seine *Erklärungskomponente* das dritte wichtige Merkmal eines Expertensystems. Sie kann begründen, warum das System zu einem Ergebnis kam und welche Regeln und Fakten es dazu verwendete.

Die Struktur der Wissensbasis

Für die Wissensbasis gibt es verschiedene mögliche *Datenmodelle*, verschiedene Strukturierungsmöglichkeiten, von denen je nach dem bearbeiteten Wissensgebiet die eine oder die andere günstiger sein kann. So stecken in dieser Struktur implizit auch ergänzende Informationen für das Expertensystem und insbesondere für die von ihm einzuschlagende Strategie der Wissensauswertung.

Eine mögliche Strukturierung des gespeicherten Wissens zerlegt dieses in Fakten und Regeln. *Fakten* stellen Tatsachen fest, wie z.B.:

```
Luise ist_Schwester_von Lotte.
Lotte ist_Mutter_von Hans.
```

Die *Regeln* leiten das System an, wie es Fakten miteinander verknüpfen kann:

```
X ist_Tante_von Z wenn
                X ist_Schwester_von Y
                und
                Y ist_Mutter_von Z.
```

Regeln können auch noch mit einem Zusatz, einem *Sicherheitsfaktor* (*certainty factor*) ergänzt werden. Auf diese Weise könnte das System zum Beispiel feststellen, wie wahrscheinlich es ist, eine 100%ige Tante zu haben, wenn die Wahrscheinlichkeit für eine leibliche Schwester und eine leibliche Mutter jeweils 90% beträgt. Auf diese Weise werden Aussagen *bewertet.*

Zur heuristischen Steuerung einer Auswertung kann in der Wissensbasis –zum Beispiel über die Reihenfolge der gespeicherten Fakten und Regeln – vermerkt werden, wie sinnvoll es ist, zuerst die Regel *ist_Tante_von* anzuwenden, wenn festgestellt werden soll, ob zwei Menschen miteinander *verwandt* sind. Da jeder eine Großmutter hat, aber nicht jeder eine Tante, ist es unter Umständen zeitsparender, erst zu fragen

```
X ist_Großmutter_von Z.
```

Eine andere, oft verwendete Form der Wissensspeicherung sind die *Rahmen* (*frames*, auch zuweilen *Schemata* genannt). Sie enthalten *Abteile* (*slots*); in diesen sind die verschiedenen Informationen verzeichnet, welche ein *Objekt* oder auch eine ganze *Klasse* von Objekten (einen *Objekttyp*) beschreiben. Ein Rahmen für einen speziellen Typ der Klasse „Verwandte" könnte etwa folgendermaßen aussehen:

```
Name:               Tante
Beschreibung:       Schwester von X, X hat Kind.
Typ:                Verwandte
Beispiel:           Luise
Spezialisierung:    leibliche Tante
Analogie:           Onkel
Wert:               800
```

Die *Spezialisierung* definiert einen weiteren Unter-Typ der Klasse „Tante" ebenso wie durch die Angabe *Typ* dieser Rahmen seinerseits als Spezialisierung des allgemeineren Objekttyps „Verwandte" ausgewiesen wird. Eine Spezialisierung erspart, Eigenschaften und Informationen immer wieder erneut angeben zu müssen. So steht etwa in dem oben gezeigten Rahmen *nicht*, daß eine Tante *weiblich* ist. Denn diese Angabe ist vermutlich bereits in dem Rahmen des höheren Typs „Verwandte" enthalten und wird von diesem an seine Unter-Typen *vererbt.*

Als „Wert der Tante" wurde hier 800 gewählt. Dies dient dem System als Hinweis, daß ein Objekt vom Typ Verwandte, dem der Wert 1000 zugeteilt wurde (nämlich „Großmutter") häufiger vorkommt – jeder hat eine Großmutter aber nicht jeder hat eine Tante – und deshalb bei heuristischen Suchvorgängen als erstes ausprobiert werden sollte.

Zuweilen enthalten Rahmen nicht nur, wie in obigem Beispiel, „statische" Informationselemente, sondern auch *Skripten* oder *Methoden*. Diese definieren in Form von Handlungsanweisungen, also Algorithmen, wie man mit Objekten des betreffenden Typs umgeht. So könnte zum Beispiel ein Rahmen für Objekte der Klasse „Restaurant" Beschreibungen für Aktionen wie Tischreservierung, Bestellung eines Menus und Bezahlen der Rechnung enthalten.

Strategien zur Wissensverarbeitung

Die Form der Wissensrepräsentation sagt nun noch nichts darüber aus, wie mit diesem Wissen ein Problem gelöst wird. Die Anwendung des Wissens ist die Aufgabe der *Inferenzmaschine*, des Schlußfolgerungs-Mechanismus.

Drei Strategien haben sich im Laufe der Zeit entwickelt und werden in Expertensystemen – oft auch gemischt – angewandt.

Bei der *Vorwärtsverkettung* werden dem System zuerst interessante Objekte oder Daten genannt, z. B. Luise und Hans. Das Expertensystem prüft dann, ob diese Daten in irgendeinem Zusammenhang stehen:

```
In welcher Beziehung stehen Luise und Hans ?
```

Die Antwort wäre dann:

```
Luise ist_Tante_von Hans.
```

Die Strategie der Vorwärtsverkettung ist somit *datengesteuert*; sie wird auch als *bottom up* bezeichnet, weil sie von der Basis der vorhandenen Fakten und Regeln „aufsteigt" und prüft, was sich aus ihnen erschließen läßt. Sie ist deshalb besonders dann geeignet, wenn das System auf das Eintreten bestimmter Situationen mit sinnvollen Aktionen reagieren soll. Das oben genannte Schulungssystem *Steamer* für Schiffsingenieure ist ein typisches Beispiel: bestimmte Ereignisse treten auf, und das System soll ihre Folgen simulieren.

Bei der *Rückwärtsverkettung* wird hingegen vom Anwender oder vom System eine Behauptung aufgestellt oder eine Frage vorgelegt. Anschließend wird untersucht, ob es Regeln und Fakten gibt, mit denen diese Behauptung bewiesen oder die Frage beantwortet werden kann. So kann zum Beispiel an Hand der oben beschriebenen, kleinen Wissensbasis die Frage

```
Luise ist_Tante_von Hans ?
```

positiv mit

```
yes
```

beantwortet werden.

Diese Strategie wird auch als *top down* bezeichnet, da zuerst „oben" die Problemstellung vorliegt und von ihr ausgehend versucht wird, die Daten zu ihrer Lösung „unten" in der Wissensbasis aufzufinden.

Die Rückwärtsverkettung ist vermutlich die häufigste Strategie bei Expertensystemen, weil dort das Lösen konkret vorgegebener Anfragen öfter verlangt wird als das Suchen nach irgendwelchen Zusammenhängen zwischen Objekten. Sie wird von der Programmiersprache *Prolog* unmittelbar als Abarbeitungsverfahren für Programme implementiert. Prolog wurde deshalb zu einer der meistbenutzten Sprachen in diesem Bereich der Computeranwendung. Im übernächsten Kapitel werden Sie mehr darüber erfahren.

Die *Wandtafel* (*blackboard*) ist schließlich die dritte wichtige Strategie zur Wissensauswertung. Mit dem Anwachsen der in der Wissensbasis gespeicherten Informationen entstehen zwei neue Probleme. Für den Fachmann ist es immer schwieriger, den Durchblick zu erhalten, und das System verbraucht immer mehr Rechenzeit, wenn es auch für jedes Teilproblem die gesamte Wissensbasis zu Verfügung hat und sie nach einer Lösung durchforsten soll.

Ein Mensch, der ja auf Grund seines noch viel umfassenderen Wissens vor dem gleichen Problem steht, löst es, indem er sein Wissen in verschiedene Bereiche strukturiert und davon nur den aktiviert, der vermutlich für die gerade vorliegende Aufgabe relevant ist. Um ein Kreuzworträtsel zu lösen, konzentrieren wir uns jeweils auf *eine* Frage und prüfen anschließend, ob die Beantwortung im senkrechten und waagerechten Kontext stimmt.

Und wir bearbeiten nicht vorher das Problem, ob Luise unsere Tante ist, wenn wir herausfinden wollen, warum der Motor unseres Autos nicht anspringt – nur deshalb, weil zufällig vielleicht die Daten über unsere Verwandtschaft in unserem Gehirn „vor" denen über Autotechnik gespeichert sind.

Eine entsprechende Verhaltsweise wird beim Wandtafel-Modell nun als Strategie zur Wissensermittlung angewandt. Wenn wir an das Kreuzworträtsel-Beispiel denken, entspräche das Modell, einem Kollektiv von Spezialisten. Einer schlägt eine Lösung vor, ein anderer überprüft die senkrechte Spalte und einer nimmt sich die waagerechte Spalte vor. Die Kommunikation im Team erfolgt über eine Wandtafel, auf die alle Hypothesen und Ergebnisse eingetragen werden.

Irgendwann wird eine Information einmal für einen anderen Spezialisten wichtig, der sie dann weiter verarbeitet und auf ihrer Basis weitere Ergebnisse oder Lösungsteile einträgt, oder auch andere als falsch erkennt und wieder löscht. Die Spezialisten werden also durch Ereignisse oder Aussagen, die auf der Wandtafel erscheinen, veranlaßt (*getriggert*) ihre jeweiligen Untersuchungen aufzunehmen.

Eine derartige Aufteilung von größeren Problemen an verschiedene kleine Unter-Expertensysteme für spezielle Aufgaben ist die Grundidee der Expertensysteme *Hearsay* und *Crysallis*, auf das erste von ihnen werden wir später noch ausführlicher eingehen.

Die zweckmäßigen Anwendungsbereiche der verschiedenen Strategien lassen sich wie folgt zusammenfassen:

Die *Vorwärtsverkettung* empfiehlt sich, wenn möglichst viele Antworten gefunden werden sollen, die alle aus den angegebenen Fakten resultieren können, und wenn die Lösung des Problems mit einfachen und wenigen Schlußfolgerungen möglich ist.

Die *Rückwärtsverkettung* wird angewandt, wenn die Probleme in Form von Hypothesen vorliegen und wenn nur wenige Daten, aber viele Zusammenhänge (Regeln) überprüft werden müssen.

Die *Wandtafel-Strategie* ist schließlich vor allem bei komplexen Anwendungen nützlich, wie zum Beispiel beim Verstehen natürlicher Sprache. Dort bietet sie, wie wir noch sehen werden, die beste Möglichkeit, die Gesamtaufgabe und die zu ihrer Behandlung nötige Wissensbasis über eine Reihe von *Ebenen* der Problembearbeitung in viele kleine, weitgehend unabhängige Unterprobleme zu *modularisieren*.

Literaturhinweise

Eine gute Einführung in das Gesamtgebiet der Expertensysteme, von einem der profiliertesten britischen Spezialisten auf diesem Gebiet geschrieben, ist

Donald Michie, **Introductory Readings in Expert Systems**, Gordon and Breach Publishers, New York, London, Paris (1982).

Zahlreiche Informationen über realisierte Systeme geben die Unterlagen zu

Douglas R. Patridge, **Expert Systems Seminar**, veranstaltet von Expert Systems Ltd. und den Hughes Research Laboratories.

Den Einsatz von Regeln und einschränkenden Bedingungen (*constraints*) zur Reduzierung komplexer Probleme, wie etwa die Interpretation von Zeichnungen, auf einen handhabbaren Umfang bespricht - neben vielen anderen nützlichen Techniken der Künstlichen Intelligenz -

Patrick Henry Winston, **Artificial Intelligence** (2. Auflage), Addison-Wesley, Reading, Mass. (1984).

3   *Mycin*

Ein Expertensystem für die ärztliche Diagnose

Ebenso wie sich das Wissen eines Experten mit der Zeit verändert und vertieft, so sollte auch das in einem Expertensystem repräsentierte Wissen entwickelt werden und wachsen; angereichert und gepflegt von den Wissensingenieuren. Im Gegensatz zu vielen Entwicklungen in der Datenverarbeitung ist hier die Bemerkung „Projekt abgeschlossen" keine Erfolgsmeldung, sondern ein Hinweis, daß das Expertensystem nicht mehr entwicklungsfähig ist und deswegen aufgegeben wurde.

Zu den Systemen, die immer noch aktuell sind, weil sie erweitert und verfeinert werden, gehört das Expertensystem *Mycin*. Es berät den Arzt bei der Befundermittlung und der Diagnoseerstellung: Liegt hier tatsächlich eine signifikante und mit Antibiotika zu behandelnde Infektionskrankheit vor, und um welchen Erreger handelt es sich? Es unterstützt den Arzt bei der Therapie: Welche Mittel sind bei diesem Erreger wirksam, und wie sollte die Dosierung und Verabreichungsdauer des Medikaments bei diesem Patienten unter Berücksichtigung des bisherigen Krankheitsverlaufes aussehen?

Zuerst beschränkte sich die Beratung auf die bakteriogenen Infektionskrankheiten des Blutes und auf Hirnhautentzündungen. Inzwischen kann das System über die meisten Infektionskrankheiten Auskünfte geben.

Warum werden solche Diagnosesysteme entwickelt? Eine Studie, die über 1035 Patienten in einem 500-Betten-Krankenhaus erstellt wurde, erbrachte, daß von ihnen 340 Patienten mit Antibiotika behandelt wurden. Nur bei 13% der mit Antibiotika behandelten Patienten gab es rationale Gründe für diese Indikation. Bei 66% der mit Antibiotika behandelten Patienten war die Verschreibung eindeutig irrational. Für die restlichen 21% konnte nicht entschieden werden, ob die Gabe der Antibiotika richtig oder falsch war. Bei denjenigen, die die Antibiotika aus unvernünftigen Gründen erhielten, erwies sich, daß diese Mittel sogar ausgesprochen ungeeignet für das Krankheitsbild des Patienten waren.

Schon dieser kleine Ausschnitt aus der Untersuchung zeigt den dringenden Bedarf nach einem derartigen Beratungssystem. Es ist so aufgebaut, daß es sowohl die Diagnose dem Arzt abnehmen als auch den Arzt in seinen Entscheidungprozeß einbeziehen kann, um ihm so seine speziellen Kenntnisse zu vermitteln und sich selbst überflüssig zu machen.

Die Entwicklung von *Mycin* begann 1972 im Rahmen des *Stanford Heuristic Programming Project (HPP)*, das von *Edward Feigenbaum* geleitet wird. Die Arbeiten werden von *E. Shortliffe* und seinen Kollegen durchgeführt. Das Expertenwissen stellte die Infektionskrankheiten-Gruppe der *Stanford Medical School* zur Verfügung. Seinen Namen erhielt *Mycin* von den Endungen vieler zur Bekämpfung der Erreger eingesetzten Antibiotika, wie z.B. *Ampicilin, Clidamycin* oder *Vancomycin*.

Mycin gehört mit *Dendral* und *Prospector* zu den am besten ausgebauten Expertensystemen. Nicht nur deswegen soll es hier vorgestellt werden, sondern auch, weil Ärzte, aus der Verantwortung ihres Berufes heraus, zu den ganz besonders kritischen, um nicht zu sagen mißtrauischen Softwareanwendern gehören. Dies gilt vor allen Dingen dann, wenn es um mehr geht als um das Eintragen von Meßergebnissen in schöne Tabellen, nämlich um das Erkennen von Zusammenhängen und Schlußfolgerungen aus medizinischen Meßdaten.

Diesem natürlichen Mißtrauen sollte mit *Mycin* begegnet und die Akzeptanz dieses Softwareprodukts erhöht werden, indem die Freigabe erst nach gründlichen Tests erfolgte. Es sollten keine unvollständigen Vorabversionen ausgeliefert werden, sondern erst das endgültige Produkt.

Der Dialog mit dem Diagnosesystem

Schauen wir uns zuerst einmal die Benutzeroberfläche des fertigen *Mycin*s, an ehe auf die konkreten Forderungen an das System und seinen internen Aufbau eingegangen wird.

Wir haben den folgenden Arzt-*Mycin*-Dialog ins Deutsche übertragen. Derzeit gibt es nur eine englisch sprechende Version. Das Gespräch zwischen dem maschinellen und dem menschlichen Fachmann wurde etwas gekürzt. Die Aussagen des Menschen stehen nach den doppelten Sternchen „**". Die Fragen des Rechners sind durchnumeriert, damit sich der Benutzer auf vorige Fragen beziehen kann. Versteht der Rechner die Eingaben des Arztes nicht, so fragt er nach.

```
Willkommen bei Mycin

Instruktionen erwünscht? (ja oder nein)

** ja

Ich bin das Computerprogramm Mycin und wurde entwickelt,
um Sie bei der Auswahl der geeigneten Therapie für eine
Infektionskrankheit zu beraten.
Ich gehe davon aus, daß Sie einen Patienten haben, von
dem bereits eine Bakterienkultur, ich nenne sie in Zukunft
KULTUR_1, angelegt wurde.

   ... mögliche Antworten des Arztes sind immer:

unb        - unbekannt
?          - gebe mir Beispiele für die hier möglichen
             Antworten
??         - nenne mir alle möglichen Antworten
Regel      - nenne mir die Regel, die verwendet wurde
```

```
FA          - ich möchte nun beliebige Fragen stellen und
              deshalb in den Frage - Antwort Modus gehen
Warum       - erkläre mir, warum die letzte Frage an mich
              gestellt wurde
zurück x    - laß uns bei Frage x noch einmal beginnen
Stop        - die Konsultation ist sofort abzubrechen
Hilfe       - liefert diese Aufzählung


Bitte beantworten Sie die folgenden Fragen .....


 1) Name des Patienten?
**  Hans im Glück


 2) Geschlecht?
**  männlich


 3) Alter?
**  21
```

Zuerst muß der Arzt Angaben zur Person des Patienten eingeben. Diese Angaben
füllen den Themenkreis Patient. Dann werden weitere Daten für Themenkreise von
Mycin angefordert, denn ohne Wissen kann keine relevante Aussage gefunden werden. Eine detaillierte Erläuterung zu dem Begriff *Themenkreis* wird in dem Abschnitt über die Programmstruktur gegeben.

```
Ich beziehe mich jetzt auf die aktuelle Kultur,
für die Sie einen therapeutischen Rat wollen und
nenne sie ab jetzt:

--- KULTUR_1 ---


 4) Von wo wurde der Abstrich KULTUR_1 genommen?
**  Blutt
=Blut


 5) Vor wievielen Tagen wurde die Blutkultur angelegt?
**  2


Ich werde mich jetzt auf den ersten Organismus dieser
KULTUR_1 beziehen und ihn nennen:

--- ORGANISMUS_1 ---.


 6) Um welchen Organismus handelt es sich bei
    ORGANISMUS_1?
**  unb
```

7) Wie ist die Gramfärbung des ORGANISMUS_1?
**   *?*

Erwartete Antworten sind:

säurebeständig   grampos   gramneg

** *gramnegativ*

 8) Handelt es sich bei diesem ORGANISMUS-1 um
    Stäbchen oder um Coccusbakterien?
** *Stäbchen*

 9) Wurden noch andere signifikante Erreger (die aber
    nicht mehr bekämpft werden müssen) innerhalb der
    letzten ca. 30 Tagen erkannt?
** *yeah*

   . . .

   --- KULTUR-2 ---

   --- ORGANISMUS_2 ---

   --- ORGANISMUS_3 ---

   --- ORGANISMUS_4 ---

   . . .

Bis hierher wurden Fakten gesammelt. Nun beginnt der interessantere Teil des
Arzt-*Mycin* Dialoges, in dem Annahmen gemacht und für diese Annahmen weitere
Aussagen erfragt werden, um die Annahmen zur Gewißheit werden lassen zu kön-
nen oder sie zu verwerfen.

   19) Von woher sind die Erreger vermutlich an
       diesen Ort gekommen?
** *Regel*

Regel 121

Wenn: 1) die Stelle von der die Kultur genommen wurde,
         normalerweise steril ist und
      2) die Stelle an der der Erreger eingedrungen
         ist, dieselbe Stelle ist an der
         vorher ein Erreger eingedrungen war
         und dieser vorige Erreger hat
         dieselbe Identität wie der jetzige Erreger

Dann: ist anzunehmen (0.3), daß
       alle Erreger, die gefunden wurden,
       dieselbe Identität haben.

       ...

26) Wurden am Patient-1 irgendwelche chirugischen
    Eingriffe oder andere Eingriffe am
    Blasen-Trakt vorgenommen?

** *Warum*

Ich versuche die Identität des ORGANISMUS-1 zu finden.
Ich weiß
die Stelle an der der Erreger eingedrungen ist:
obere Harnwege,
die Morphologie des Organismus: **Stäbchenbakterie**,
die Gramfärbung des Organismus: **gramnegativ**,
die Kultur wurde angelegt: vom **Blut**.

Deshalb, wenn
1) der Patient keine Eingriffe an den Harnwegen hatte
und
2) der Patient nicht wegen
einer Harnwege-Infektion behandelt wurde
dann
ist es anzunehmen (0.6), daß die Identität des
Organismus E.coli ist.

(Regel 156)

** *j*

       ...

Meine Therapieempfehlung basiert auf den folgenden
eventuell vorkommenden Erregern, die signifikant sind:

1) die Identität des Organismus kann sein PSEUDOMONAS
2) die Identität des Organismus kann sein KLEBSIELLA
3) die Identität des Organismus kann sein ENTEROBACTER
4) die Identität des Organismus kann sein E.COLI
5) die Identität des Organismus kann sein PROTEUS

    (Genaue Spezifikation ist unbekannt.)

       ...

Diese Dialogausschnitte zeigen, wie *Mycin* versucht, einer der wichtigsten der schon genannten Forderungen an ein Expertensystem gerecht zu werden: daß es nicht „Orakel spielen" will, sondern auf Wunsch sein Vorgehen und die gezogenen Schlußfolgerungen in einer – zumindest dem menschlichen Fachexperten, also hier dem Arzt – verständlichen Sprache erläutert.

Spezifische Probleme – und ihre Lösungen

Entwicklern von Expertensystemen wird immer wieder die Frage gestellt, worin sich derartige Lösungen von einem „normalen" Anwendungs-Softwarepaket unterscheiden, und ob sie nicht mit herkömmlichen Programmiermethoden genausogut oder gar effektiver realisierbar gewesen wären. Hier ist *Mycin* ein gutes Beispiel.

Die folgenden Anforderungen der Ärzte und des Krankenhauspersonals können nicht leicht mit einer nach üblichen Regeln erstellten Software erfüllt werden.

- Das System sollte einfach zu handhaben sein, auch für diejenigen, die keinen Schreibmaschinenkurs absolviert haben. Denn wer sich beim Aufspüren der Buchstaben auf der Tastatur schwer tut, benötigt einen Rechner mit Verständnis für seine Tippfehler.
- Es sollte fähig sein, fachspezifische Aussagen und Fragen des Anwenders in einer natürlichen Sprache, die auch mit Fachjargon versetzt sein darf, zu verstehen, bzw. sinnvoll nachzufragen, wenn die Benutzereingabe nicht verstanden wurde. Ferner sollte das System einen Anwenderdialog in ganzen Sätzen führen.
- Auch Fragen sollten beantwortet werden können. Es sollte nur soviel Information geben wie unbedingt notwendig, aber alle Aussagen begründen können. Ein Anfänger braucht mehr Erklärungen als ein Könner.
- Es sollte neues Wissen aufnehmen und zum bestehenden hinzufügen können, und es sollte dem Arzt erlauben, falsches Wissen zu revidieren. Dies sollte auf Anweisung des Benutzers oder durch Verwendung von Protokollen, die zu jeder Krankengeschichte angelegt werden, automatisch ablaufen.
- Es sollte schnell und sicher arbeiten. Natürlich kann ein System nicht zuverlässiger sein als die Spezialisten, die ihr Wissen zur Verfügung stellten, aber es kann angeben, wie verläßlich seine Auskünfte sind. Bei Werten, die nicht 100%ig stimmen, muß ein verantwortungsbewußter Arzt immer den schlechtesten Fall annehmen. Folglich sind dann alle unbewerteten Aussagen als unzuverlässig anzusehen. Werden die Aussagen bewertet, so sind auch unsichere Aussagen von Bedeutung, weil sie eine Tendenz zeigen, aber nicht zur Annahme verleiten, eine wahre Aussage zu sein.

Diesen hohen Anforderungen konnte nur mit einem neuen Konzept entsprochen werden.

Der ersten Forderung nach einem Programm, das keine Schreibmaschinenkenntnisse verlangt, wurde durch ein 800 Wörter umfassendes Wörterbuch begegnet. Verschiedene Ausdrücke für ein und denselben Begriff werden hier aufgelistet, denn der Benutzer soll nicht erst lernen müssen, welche Worte der Rechner kennt und welche nicht. Das Wörterbuch vermerkt zum Beispiel, daß die Eingabe „ja" die gleiche Bedeutung hat wie „j" oder „yes" und, daß mit „Ecoli" vermutlich „E.coli" gemeint ist. Wurde das Wort nicht erkannt oder ist es nicht eindeutig, etwa bei Abkürzungen, wiederholt *Mycin* das vollständige Wort und fragt zum Beispiel nach, ob mit „Blutt" „Blut" gemeint war. Wenn das Programm besser in Rechtschreibung ist als der Anwender, so führt dies nicht zum Abbruch der Kommunikation zwischen Arzt und *Mycin*.

Der zweite Wunsch, der nach einem natürlichsprachlichen Dialog, wurde nicht mit einem natürlichsprachlichen Spracherkennungs- und -erzeugungssystem erfüllt, da dieses nur mit großem Aufwand zu realisieren ist. In einem späteren Kapitel werden wir noch erklären, warum die Probleme beim Bau eines sprachverstehenden Systems so groß sind, daß es bis heute noch kein befriedigendes, natürlichsprachliches Frontend für ein System mit den Ansprüchen von *Mycin* gibt.

Die Eingabe sollte schon deshalb nicht natürlichsprachlich sein, weil die Ärzte so wenig wie möglich eintippen wollen. Die Eingaben des Arztes sind im allgemeinen Stichworte. Gibt der Arzt mehrere Wörter ein, zum Beispiel bei einer Frage, so wird die Eingabe nach Schlüsselworten untersucht. Da *Mycin* weiß, welches Thema es gerade mit dem Arzt bespricht, kennt es die Daten, die zur Beantwortung in Frage kommen.

Mycins Antworten dürfen dagegen nicht nur Wortbrocken, sondern sie müssen ganze Sätze sein. Das ist einleuchtend, denn wie sollte eine Systemaussage, die sich mit dem Brocken „Namen:" begnügt, verstanden werden? Ist der Name des Arztes gemeint oder der des Patienten oder gar der eines Erregers?

Um also das System in verständlichen Sätzen antworten zu lassen, die Entwicklung eines echten sprachgenerierenden Systems aber vermeiden zu können, wurde eine Zwischenlösung gefunden. *Mycin* setzt Sätze aus Teilsätzen, Schlüsselworten und aussagekräftigen Variablennamen nach Regeln zu Fragen und Auskünften zusammen. Die Satzstücke sind in den Daten vermerkt, um die es sich im Arzt-*Mycin*-Dialog sowieso gerade handelt. Da das Stellen der Diagnose und das Erarbeiten einer Therapie für den Kranken im Gespräch *Mycin*-Arzt geschieht, übernimmt die Problemlösungskomponente auch die Gesprächsführung, d.h. die Satzbildung.

Die Erfüllung der dritten Forderung nach einem „sich selbst verstehenden System", das erklären kann, *warum* es *was* tut, ergibt sich aus dem Systemkonzept, aus der klaren Trennung von Inferenzmaschine und Wissensrepräsentation. Damit wird zugleich auch der vierten Forderung entsprochen, das medizinische Fachwissen des Systems und seine Auswertungsstrategien erweitern und ändern zu können.

Die Programmstruktur

Die Struktur des *Mycin*-Systems ist in Abbildung 3–1 dargestellt. Logisches Schließen ist ein Kombinieren von Tatsachen, Vermutungen und Regeln. Diese Verknüpfungen werden auch von *Mycin* gemacht. Sein Expertenwissen ist in einer Wissensbasis gespeichert. Diese enthält Daten, auch Fakten und Regeln genannt, die eine bestimmte Diagnose untermauern oder ihr widersprechen. Die in der Wissensbasis von *Mycin* gespeicherten Regeln kombinieren die Fakten miteinander und bewirken das Fragen nach weiteren Aussagen.

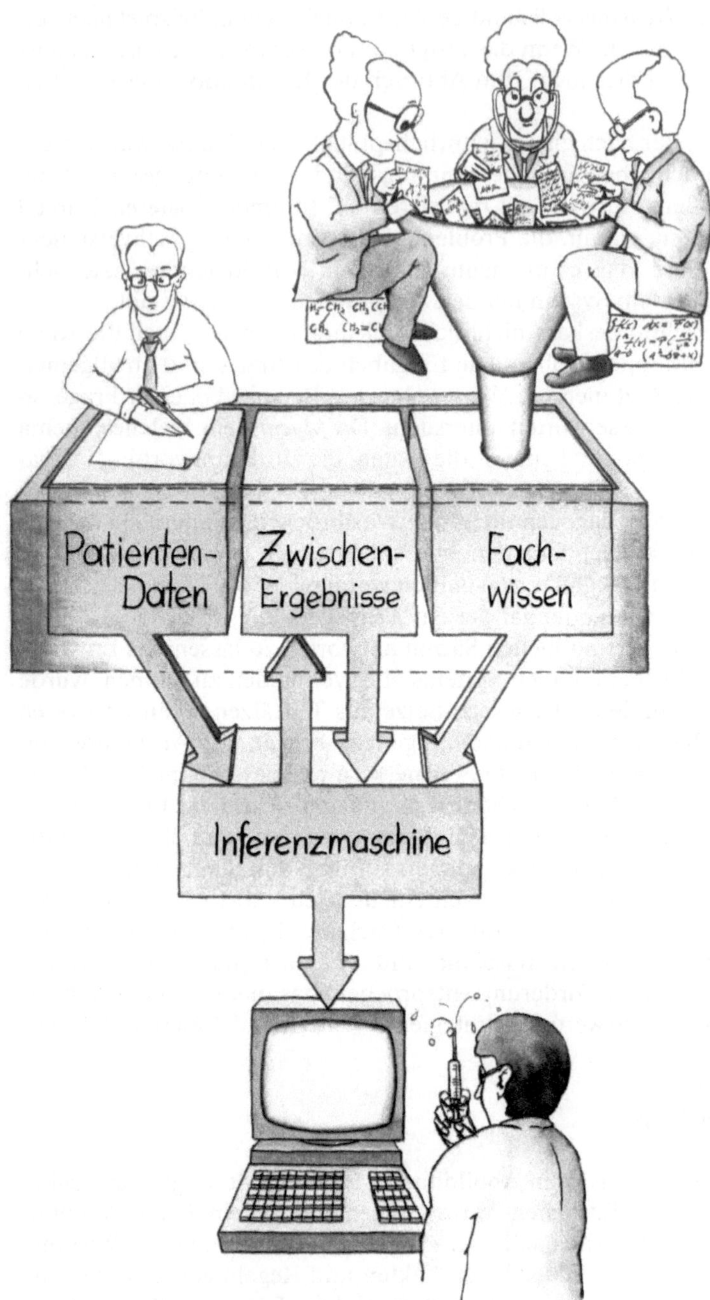

Abb. 3-1 Die Zubereitung und Portionierung des Wissens

Wie sehen nun diese Fakten in *Mycin* aus?

Die Fakten sind in ca. 10 Themenkreise aufgeteilt, z.B. PATIENT, ORGANIS-MUS oder KULTUR. Diese Themen sind einander hierarchisch zugeordnet. Die Baumstruktur erwies sich als geeignet, um *Mycin* Wissen über die gegenseitige logische Abhängigkeit der Themen mitzugeben.

Ein Erreger muß gefunden werden, bevor ein geeignetes Medikament ermittelt werden kann, doch kann ein Erreger erst bestimmt werden, wenn sicher ist, daß vorher eine Kultur angelegt wurde.

Von einem Patienten werden meistens mehrere Abstriche gemacht, um Kulturen anzulegen. Nun ist die Situation, in welcher der Abstrich gemacht wurde, nicht reproduzierbar, da jeder Abstrich das Gewebe verändert und die Organismen sich mit der Zeit vermehren oder absterben. Deshalb soll auch diese Tatsache im Themenbaum dargestellt werden.

Jedesmal, wenn ein Thema in einer Konsultation mit *Mycin* zur Sprache kommt, wird alles was zu diesem Thema bekannt ist – sei es durch den Arzt oder durch eigene Schlußfolgerung des Systems – in die entsprechende Themenkreis-Tabelle eingetragen, in den Baum eingehängt und je Themenkreis fortlaufend numeriert. Werden von einem Patienten drei Kulturen angelegt, dann taucht dieser Themenkreis, mit verschiedenen Inhalten gefüllt, dreimal im Baum auf. Wird der Patient nicht operiert, so gibt es z.B. den Themenkreis OPERATION nicht. Den Themenkreis PATIENT gibt es nur einmal. Schauen wir uns ihn einmal näher an.

Beim näheren Hinschauen erkennt man, daß ein Themenkreis wiederum aus verschiedenen Unter-Themem besteht (INFEKT, FIEBER, ALTER etc.). Insgesamt gibt es 65 Unter-Themenkreise, die jeweils einem Themenkreis fest zugeordnet sind. Der Unter-Themenkreis ALTER kommt nur bei PATIENT vor. In der Abbildung 3-2 erscheinen nur drei Unter-Themenkreise, natürlich gehören tatsächlich mehr dazu.

In die Unter-Themenkreise sind dann die Antworten des Arztes einzutragen. So werden z.B. die Ergebnisse des Labors LABDATA mit den möglichen Antworten in ERWARTETER WERT verglichen.

In der Zeile REGELN, DIE DAZU AUSSAGEN MACHEN sind alle Regeln aufgeführt, die diese Einträge als Voraussetzung für ihre Schlußfolgerungen brauchen.

Die Abarbeitung der Regeln

Damit sind wir nun auch schon bei den Regeln angekommen. Es gibt in *Mycin* ca. 500 Regeln. Sie sind einander nicht in einem hierarchischem System zugeordnet wie die Fakten, um bei Modifikation der Regeln nicht auf eine Struktur Rücksicht nehmen zu müssen. Stattdessen sind sie in Gruppen zusammengefaßt, wobei jede Gruppe für ein oder zwei Themenkreise zuständig ist.

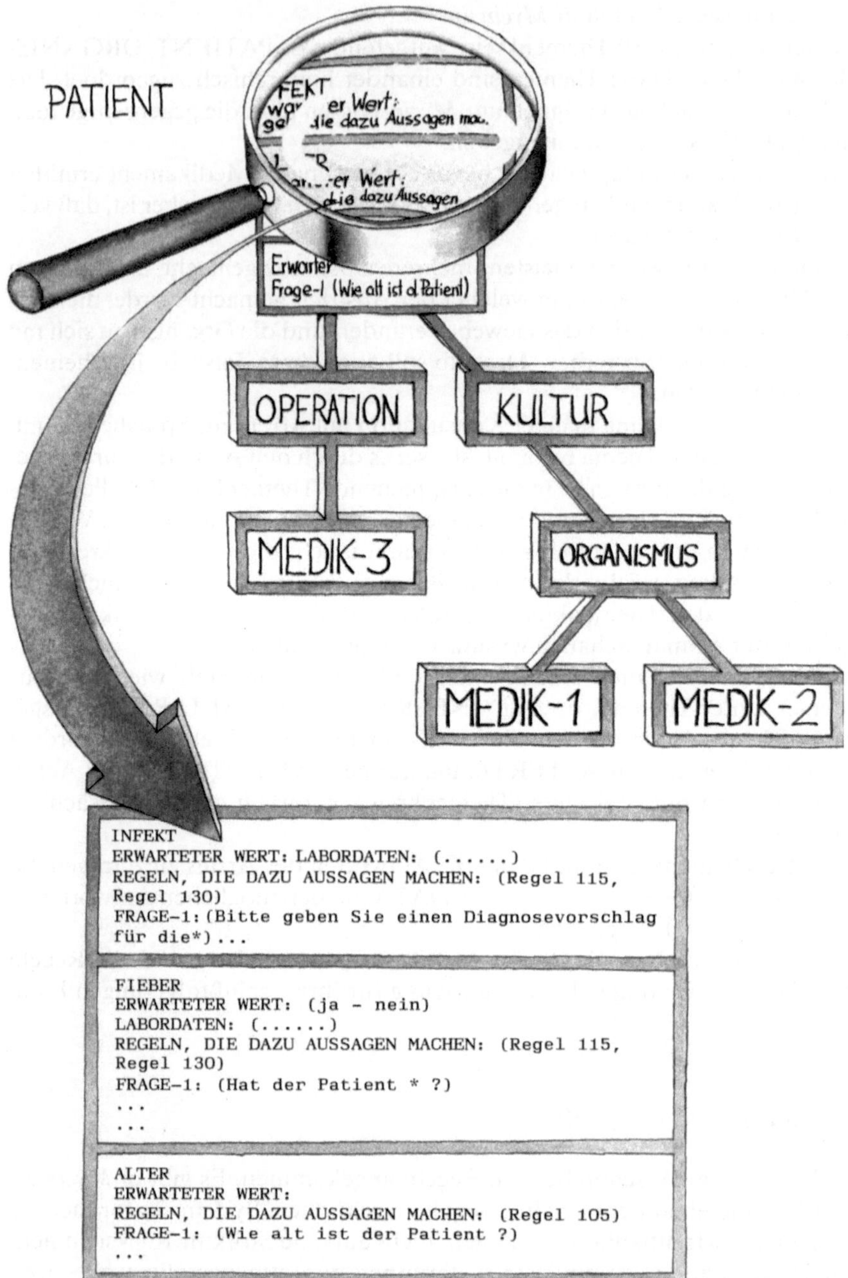


```
INFEKT
ERWARTETER WERT: LABORDATEN: (......)
REGELN, DIE DAZU AUSSAGEN MACHEN: (Regel 115,
Regel 130)
FRAGE-1:(Bitte geben Sie einen Diagnosevorschlag
für die*)...


FIEBER
ERWARTETER WERT: (ja - nein)
LABORDATEN: (......)
REGELN, DIE DAZU AUSSAGEN MACHEN: (Regel 115,
Regel 130)
FRAGE-1: (Hat der Patient * ?)
...
...


ALTER
ERWARTETER WERT:
REGELN, DIE DAZU AUSSAGEN MACHEN: (Regel 105)
FRAGE-1: (Wie alt ist der Patient ?)
...
```

Abb. 3-2 Der Themenbaum

Jede Regel hat dieselbe Struktur. Sie besteht aus einer Vorbedingung und einer Aussage, die wahr ist, wenn alle Vorbedingungen erfüllt wurden: eine derartige Regel, die aus Voraussetzungen neue Fakten *produziert*, wird meist als *Produktionsregel* bezeichnet.

```
wenn ... Bedingung --› dann ... Ergebnis
```

Abb. 3-3 Produktionsregel

Um ein großes Ziel zu erreichen, steckt man sich vorher am besten bescheidenere Teilziele und erreicht so in Etappen sein Endziel. Das macht *Mycin* genauso. Die fünf großen Ziele lauten:

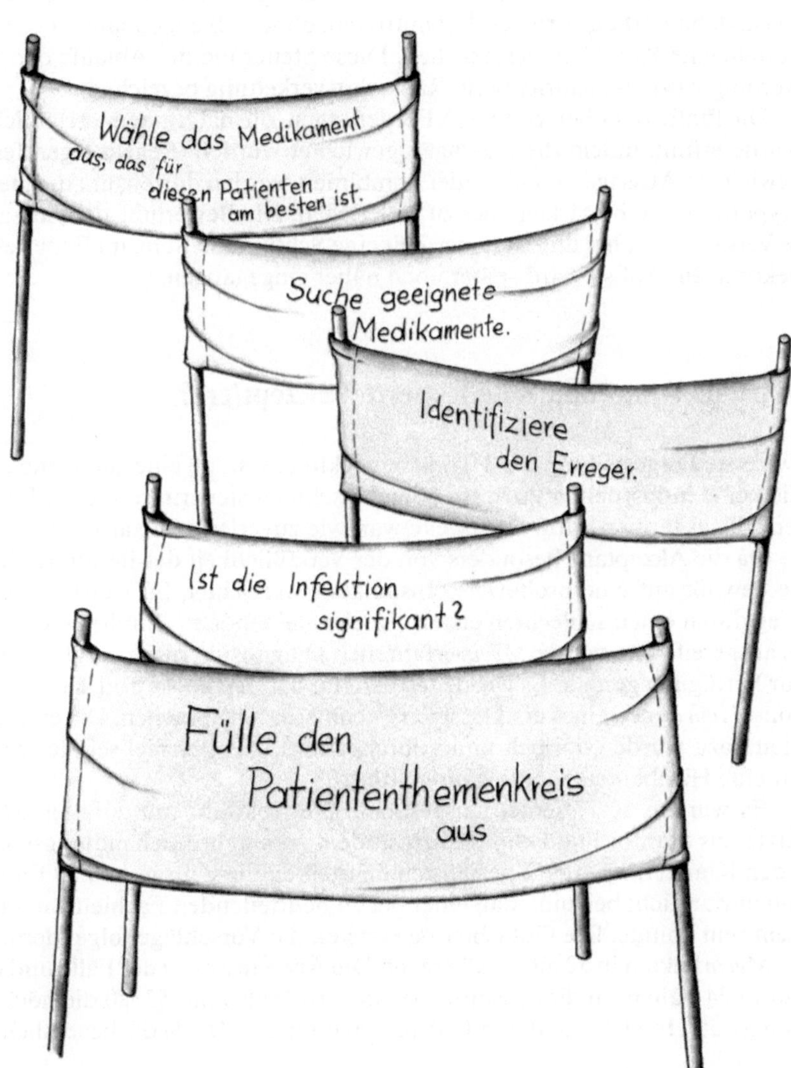

Abb. 3-4 Die wichtigsten Ziele des *Mycin*-Systems

Die Schlußfolgerungen, die *Mycin* nun zieht, gehen rückwärts: vom Ziel „einen signifikanten Erreger finden" zum Patienten und seinen Labordaten. *Mycin* stellt fest, daß es von keinem Erreger einen Themenkreis besitzt und befragt nun den Arzt zum Thema Erreger. Um dann zu entscheiden, ob der Erreger signifikant ist, muß bekannt sein, von welcher Stelle ein Abstrich genommen wurde, um diese Kultur anzulegen, von der der Erreger stammt. Ist z. B. die Abstrichstelle normalerweise steril und wurde in diesem Abstrich dennoch ein Erreger gefunden, dann ist schon eine der Bedingungen erfüllt, nach denen ein Erreger als signifikant bezeichnet werden kann. Wird z.B. derselbe Erreger an einer Stelle gefunden, die sowieso nicht steril ist, dann darf der Erreger dort auftreten, ohne daß angenommen werden muß, er könnte eine Krankheit verursachen. Diese Steuerung des Ablaufs der Wissensauswertung wird als zielorientierte Rückwärtsverkettung bezeichnet.

Die fünfte der oben gestellten Forderungen, die nach einem verläßlichen System, wurde erfüllt, indem die Aussagen gewichtet wurden. Regeln legen fest, wie zwei gewichtete Aussagen miteinander kombiniert werden dürfen, um die medizinischen Hypothesen zu bestärken oder zu widerlegen. Die Bewertung der Aussagen und ihre Verknüpfung hat im Laufe der Zeit eine Schlüsselstellung im Expertensystembau bekommen. Auf sie wird später noch näher eingegangen.

Wird der „mechanische Experte" akzeptiert?

Die erste Fragestellung der *Mycin*-Entwicklung war, ob eine „denkende Maschine", die keine industriellen Prozesse oder Maschinen steuern, sondern Menschen beraten soll, akzeptiert wird. Die zweite war, wie zuverlässig sie arbeitet.

Da die Akzeptanz besonders von der Verläßlichkeit der Beratung abhängt, wurde bewußt auf eine probeweise Installation verzichtet. So wurde *Mycin* nicht der Weg durch einen schlechten ersten - meist bleibenden - Eindruck verbaut. Erst als es ausgereift war, wurde *Mycin* erfahrenen Diagnostikern für vergleichende Studien zur Verfügung gestellt. Es wurde festgestellt, daß Diagnose und Therapievorschläge von *Mycin* denen eines erstklassigen Fachmanns entsprachen. Die empirischen Studien dazu wurden doppelt blind durchgeführt. Als Beispiel sei hier eine Therapie für eine Hirnhautentzündung aufgeführt.

Es wurden 10 Patienten ausgesucht. Die Auswahl war zufällig. *Mycin*, sieben Ärzte aus Stanford und ein Medizinstudent gaben ihre Behandlungsvorschläge für jeden Kranken ab. Acht Spezialisten beurteilten diese insgesamt 80 Empfehlungen. Ihnen war nicht bekannt, daß einer der zu beurteilenden Fachleute ein Expertensystem sein könnte. Die Gutachter bewerteten die Vorschläge folgendermaßen:

Mycin bekam in 52 aller Fälle recht. Die Ärzte in 34–50 der Fälle und der Student nur in 24 Fällen. In dieser Studie bekam *Mycin* also mit 52/80 die höchste Zustimmungsrate. In vielen anderen Fallstudien erreichte *Mycin* die beachtliche Trefferrate von 90%.

So ist es verständlich, daß aus diesem erprobten und bewährten System weitere Systeme entstanden. Da Wissensbasis und Inferenzmaschine bereits klar getrennt waren, lag der Schritt nahe, eine andere Wissensbasis in diese „Schlußfolgerungs-Maschine", den *essentiellen* oder auch *empty Mycin* genannten Teil *Emycin*, einzuspeisen. Ca. 250 neue Regeln für *Emycin* bilden nun das Expertensystem *Puff* zur Diagnose und Therapie von Lungenkrankheiten.

Nicht nur die Inferenzmaschine wurde weiter verwendet, auch die Wissensbasis der bakteriogenen Infektionskrankheiten wurde erneut eingesetzt und zwar im Expertensystem *Guidon*. So kann das gesammelte Wissen per Computer Medizinstudenten vermittelt werden. Dabei ist natürlich die Erklärungkomponente besonders wichtig. *Guidon* lehrt nicht nur Fakten, sondern erläutert auch die Zusammenhänge an Hand von Fallstudien, die aus *Mycin*-Protokollen stammen.

Es ist verständlich, daß aus *Mycin* weitere Expertensysteme entstanden. Um so erstaunlicher ist es, daß *Mycin* bis heute nur im Forschungsbereich der Stanford Universität eingesetzt wird. Die Bedrohung, die die Ärzte empfinden, wenn sie sehen, daß Teile ihrer Arbeit von einer Maschine getan werden können, hindert sie vielleicht zu erkennen, welch nützliches Hilfsmittel ihnen mit *Mycin* zur Verfügung gestellt worden ist.

Die Annahme eines Systems hängt nicht nur von dessen Qualität ab, sondern auch von irrationalen Faktoren, die außerhalb der Ingenieurwissenschaften liegen und sich dem rationalen Zugriff entziehen. Nichtsdestoweniger war *Mycin* der erste große Erfolg – der Wegbereiter einer neuen Generation erfolgreich eingesetzter Expertensysteme. In China, dem ältesten Kulturland der Erde, sieht man in einem medizinischem Expertensystem vor allen Dingen ein System in dem Wissen so aufbewahrt werden kann, daß es jederzeit abrufbar ist. Die Anfänge der Medizin und der Arzneimittelkunde in China reichen weit zurück. Die älteste erhaltene Sammlung von Rezeptvorschriften stammt aus dem frühen zweiten Jahrhundert vor Christus. Das bekannteste und umfangreichste Arzneibuch der traditionellen chinesischen Medizin aus dem 16. Jahrhundert enthält zahlreiche detailgenaue Abbildungen und mehr als 10000 Rezepturvorschriften. Der Autor Li-Shih-chen ordnete in dieser umfassenden naturkundlichen Enzyklopädie 1892 Arzneidrogen nach zehn festgelegten Kriterien wie Herkunft der Droge, Aufbereitung, Anwendung oder Kontraindikation. Für diese Arbeit benötigte er 30 Jahre. Da dieses Wissen aber in einem Lehrbuch steht und erst zugänglich wird, wenn es von einem Menschen gewußt und vermittelt wird, bleibt ein umfangreicher Schatz an Erfahrung und Wissen notgedrungen verschlossen. Weiterhin findet die westliche Medizin so starke Verbreitung in Lehre und Forschung, daß die traditionelle chinesische Medizin, die von Mensch zu Mensch überliefert wurde durch den Generationenwechsel buchstäblich ausstirbt. Um diese alten Weisheiten nicht verlorengehen zu lassen wird in Peking, in der CMIA, an einem medizinischem Expertensystem gearbeitet, in dem die alten Erkenntnisse aufgehoben werden können und zugreifbar sind. Dr. Lu Zhizheng, Leiter der Abteilung für Innere Medizin an einem Krankenhaus, das eng mit dem Institut für Traditionelle Medizin zusammenarbeitet stellt sein Wissen zur Verfügung. Das gezeigte Rezept gibt Hilfe für die Erkennung und Behandlung von Bluthochdruck.

广安门中医医院处方笺

病历号：2278　姓名：李历历　性别：女　年龄：22岁　职业：工人
单位：计算机服务公司　住址：北环西路甲一号　　1983年1月10日
病症：
　　头晕目眩　　头重　　口干渴不欲饮　　鼻血　　月经前期量多色鲜
　　心悸　　心烦
　　脉　细　数　　舌质红　　苔少
辨证：
　　血虚生内热
立法：
　　养阴和营　　清热凉血
处方：
　　白芍　10克　　丹皮　　9克　　生地　12克　　白茅根30克
　　麦冬　10克　　元参　10克　　生侧柏叶10克　　丹参　12克
　　小蓟　12克
医嘱：
　　忌辛辣
　　　　　　　　　　　医生：

Abb. 3-5 Rezept des chinesischen Experten-Computers

Literaturhinweise

Eine sehr gute deutschsprachige Beschreibung der wichtigsten in *Mycin* verwendeten Realisierungstechniken gibt der erwähnte

Frühjahrsschule-Band **Künstliche Intelligenz**, Informatik-Fachberichte 59, Springer-Verlag, Berlin Heidelberg New York (1982), S.61: *Peter Raulefs*, Expertensysteme.

Mycin wird ausführlich in diesen beiden englischsprachigen Büchern behandelt:

Shortliffe E.H. **Computer-Based Medical Consultations: Mycin**, American Elsevier Pub. Co., Inc., New York, Oxford, Amsterdam (1976)

und unter etwas weiterem Blickwinkel:

Buchanan B.G. und Shortliffe, E.H. **Rule-Based Expert Systems**, Addison-Wesley Publishing Group Amsterdam (1984)

Auch in einer Tageszeitung gibt es manchmal etwas Interessantes:

Chinamedizin ist nicht nur Akupunktur, Freitag, den 14.12.84, Seite 15, Süddeutsche Zeitung Nr.289

Unser chinesisches Rezept erhielten wir mit freundlicher Genehmigung der China Medical Informatics Association (CMIA) von Herrn

Guo Rongjiang, 1A, Beihuan X1 LU, Beijing, China

4 Logische Programmierung

Produktionssysteme

Die erste Generation der Expertensysteme wurde noch „aus dem Ei" entwickelt: für jedes Problem wurde eine eigene spezielle Lösung erbrütet. Mit der zweiten Generation hatten sich dann schon zweckmäßige, allgemeiner einsetzbare Formen der Wissensrepräsentation und der Wissensverarbeitung herauskristallisiert. Teilweise wurden sie als *shells* – also als „leere Schalen" für verschiedene Anwendungssysteme – aus existierenden Systemen der ersten Generation „herausabstrahiert". Ein Beispiel hierfür ist *Emycin*, also die Inferenzmaschine aus *Mycin*, die wir schon im vorigen Kapitel erwähnten.

Eine andere Möglichkeit der Generalisierung einer Klasse von Lösungswegen für ähnliche Aufgabenstellungen ist es, zu ihrer Formulierung eine *Meta-Sprache*, eine Zwischensprache, zu definieren, in welcher nur noch die problemspezifischen Informationen, zum Beispiel als Fakten und Regeln, niedergeschrieben werden müssen. Die Algorithmen zu deren Anwendung und Auswertung sind dann in der *Semantik* dieser Sprache verborgen. Der Fachexperte, der in ihr sein Wissen formuliert, braucht diese Verarbeitungsmechanismen nicht mehr im Detail zu kennen.

Unter Umständen kann eine derartige Sprache auch noch etwas stärker formalisiert und als spezielle *Programmiersprache* für die Realisierung von Expertensystemen auf Computern implementiert werden. Ihre Semantik, das heißt die korrekte Anwendung der in ihr formulierten Fakten und Regeln auf ein vom Benutzer eingegebenes Problem, wird in diesem Fall durch den *Interpreter* oder den *Übersetzer* (*Compiler*) dieser Programmiersprache festgelegt.

Das Ziel dieses Kapitels ist es, Ihnen einen Eindruck von der vermutlich bekanntesten derartigen Sprache, *Prolog*, zu vermitteln. Bleiben wir erst aber einmal bei der *Meta-Sprache*, die man zwar zur Planung einer Wissensbasis benutzen kann, die aber nicht unmmittelbar auf einem Computer ablauffähig ist. Wenn eine mit ihr entworfene Wissensbasis tatsächlich als Expertensystem auf einen Rechner gebracht werden soll, muß sie deshalb erst in eine entsprechende Programmiersprache – wie etwa Prolog – umgeschrieben werden.

Eine Meta-Sprache kombiniert meistens Sprachelemente einer natürlichen Sprache, z.B. Worte oder kurze Sätze, mit einer künstlichen, an Computersprachen erinnernden Syntax. Die bekannteste, weil am häufigsten eingesetzte und für Diagnose-Probleme besonders geeignete Meta-Sprache sind Regeln von der Art:

```
wenn ... Situation  --> dann ... Aktion
```

Solche Regeln werden *Produktionsregeln* genannt: das Vorliegen der auf der linken Seite genannten Situation „produziert" die auf der rechten Seite genannte Aktion. Man kann sie aber auch genausogut als logische Ableitungsregeln auffassen:

```
wenn ... Bedingung  --> dann ... Ergebnis
```

ist nur eine etwas andere Formulierung der gleichen Regelform. Diesen Standpunkt nimmt Prolog ein – sein Name entstand als Abkürzung für „*Pro*grammieren in *Logik*".

Welche Interpretation Sie bevorzugen, ist ganz in Ihr Belieben gestellt. Am besten richten Sie sich nach der Problemstellung, die Sie gerade bearbeiten müssen. Wenn Ihr System „Aktionen produzieren" soll – etwa wie das im zweiten Kapitel erwähnte Ausbildungssystem *STEAMER* für Schiffsingenieure – ist die erste Lesart vermutlich die angebrachtere. Und wenn Sie andererseits ein System wünschen, das „logische Schlußfolgerungen" aus Ihren Eingaben zieht, tun Sie sich mit der zweiten Auffassung leichter.

Aber wohlgemerkt: es geht hier nur darum, wie sich der menschliche Fachexperte die Aufgabe vereinfacht, sein Wissen in eine solche Meta-Sprache umzusetzen. Die tatsächliche Implementierung auf dem Computer und die internen Abläufe in dem so entstandenen Expertensystem sind in beiden Fällen die gleichen. Was den Vorteil hat, daß Sie die im folgenden besprochenen Formulierungsweisen und Prolog als Computersprache zu deren Realisierung in beiden Interpretationen anwenden können.

Vorwärts- und Rückwärtsverkettung logischer Schlußregeln

Was haben nun eigentlich unsere Produktionsregeln, Logik und Prolog gemeinsames? Es ist das deduktive Schließen von bekannten Voraussetzungen zu neuen Erkenntnissen, vom *wenn* zum *dann*.

Bevor eine Aufgabe gelöst wird, muß man sich klar werden, wie die Startbedingungen lauten und wie das Ziel heißt. Schließt man von der Anfangssituation, der „linken Seite" der Produktionsregel, auf die Endsituation, so nennt man das in der Sprechweise der Künstlichen Intelligenz *Vorwärtsverkettung*. Wird von der rechten Seite, dem Ziel ausgegangen, so sollen die Startbedingungen herausgefunden werden, die zu diesem Ziel führten. Diese Schlußrichtung wird *Rückwärtsverkettung* genannt.

Nehmen wir als einfaches Beispiel einen Familienstammbaum und definieren die Anfangs- und die Endsituation. Auf der linken Seite steht die Ursache, auf der rechten Seite das Ergebnis. Am Anfang waren Abraham und Sara, und „aus ihnen" kamen – so berichtet die Bibel – Kinder und Kindeskinder. Das ergibt folgende „Produktionsregel" für die Familie „Abraham":

```
Abraham ist ein Elternteil --> Isaak ist das Kind.
Isaak ist ein Elternteil -->  Jakob ist das Kind.
```

Um nun herauszufinden, wer ein Kind hat, können wir fragen:

```
Abraham ist ein Elternteil?
```

Diese Frage betraf die Ursache. Da mit der Vorwärtsverkettungsstrategie gesucht werden soll, werden zuerst alle linken Seiten der Produktionsregeln überprüft, die ja die „Ursachen" angeben. Unser *Produktionssystem* teilt uns dann mit:

> ja, und Isaak ist das Kind.

Denn *Abraham* ist *Ursache* in einer der Produktionsregeln und Isaak das *Ergebnis.*
Prolog-Kenner werden hier übrigens bemerken, daß die oben genannten Produktionsregeln auch als Prologklauseln angesehen werden können, wenn wir die entsprechenden Worte als *Operatoren* definieren. Das Faktum

> Isaak ist ein Kind

muß allerdings dann zusätzlich noch in der Datenbasis vermerkt sein. Prolog arbeitet hier auf Grund der Formulierung der Regel - links die Ursache und rechts das Ergebnis - vorwärtsverkettend.

Um nun ein System *rückwärtsverkettend* arbeiten zu lassen, gibt es zwei Möglichkeiten. Entweder läßt man das System zuerst auf der rechten Seite suchen und findet dann, von rechts nach links schließend, die Gründe für Isaaks Dasein, *oder* man läßt das System weiterhin - wie bisher - von links nach rechts suchen, ändert aber die Produktionsregeln zur Beschreibung des Problems.

Um die Produktionsregeln wie bisher abarbeiten zu lassen, nämlich von links nach rechts, formulieren wir die Beschreibung um.

> Isaak ist das Kind --› Abraham ist ein Elternteil.
> Jakob ist das Kind --› Isaak ist ein Elternteil.

Nun muß die Nachforschung von dem Ergebnis der Erzfamilie ausgehen:

> Ist Isaak ein Kind?

Dann erfahren wir von unserem System

> ja, und Abraham ist das Elternteil.

Das Ergebnis wurde also bestätigt.
Auch diese obigen Produktionsregeln können wieder als Prologregeln angesehen werden, wenn die Worte entsprechend als Operatoren definiert werden. Jetzt muß das Faktum

> Abraham ist ein Elternteil.

allerdings zusätzlich in der Datenbasis vermerkt sein. Prolog arbeitet hier auf Grund der Formulierung der Regel - links das Ergebnis und rechts die Ursache - rückwärtsverkettend.

Das vorangegangene Beispiel zeigt, wie für eine größere Klasse von Problemen Rückwärts- und Vorwärtsschließen ausgetauscht werden kann, indem das Wissen andersherum formuliert wird. In der Praxis ist es nämlich nur selten möglich, die Kontrollstruktur eines Systems zu ändern, eher kann die Wissensformulierung variiert werden.

Dies ist gut zu wissen, wenn man die Vorteile des einen oder des anderen Verfahrens nutzen will. Grundsätzlich ist es günstiger, bei einem Problem von der Seite anzufangen, in der es bei der Suche nach einem geeigneten Weg weniger Ansätze oder

Zweige zu untersuchen gibt, um den explosionsartig ansteigenden Möglichkeiten zur Wegauswahl zu entgehen.

Bei typischen Expertensystem-Aufgabenstellungen ist es allerdings meist so, daß die eine Seite der Problemstellung, zum Beispiel die konkrete Frage des Benutzers oder das oder auch das angestrebte Ziel exakt formuliert werden kann, während man von der anderen Seite nur eine eher verschwommene Vorstellung hat. Dann ist es günstiger, dort zu starten, wo man sich besser auskennt und damit schneller ein in die falsche Richtung laufendes Suchen abbrechen kann.

Die Entscheidung für die beste Strategie wird im allgemeinen der Fachexperte selbst treffen wollen, da das Wissen um „typische" Fragen und Aufgabenstellungen ja Teil seiner Expertise ist und er deshalb das System entsprechend konzipieren, bauen, verstehen und bewerten muß.

Fakten und Regeln in Prolog

Nach diesem kurzen Überblick über die Richtungen der Schlußfolgerungen aus der Sicht der Problembeschreibungen wollen wir uns mit dem Schließen selbst befassen, und zwar mit dem logischen Schließen und seiner Implementierung in Prolog.

Greifen wir dazu das vorige Beispiel, den Familienstammbaum wieder auf. Natürlich hat Isaak nicht nur einen Vater, sondern auch eine Mutter. Es gibt also genaugenommen zwei Bedingungen, die *beide* erfüllt sein müssen, damit Isaak das Kind seiner beiden Eltern ist. Um dies auszudrücken, werden diese zwei Bedingungen mit der logischen *und*-Funktion verknüpft.

Die logische *und*-Funktion verlangt, daß alle einzelnen Komponenten wahr sein müssen, damit auch ihr Ergebnis als wahr bezeichnet werden kann. Sie wird deshalb auch als *Konjunktion* bezeichnet, denn der Wahrheitswert einer mit ihr zusammengesetzten Aussage wird durch die Wahrheitswerte ihrer Komponenten bestimmt. Formulieren wir also unsere Aussage genauer als die folgende Verwandtschaftsregel:

```
Abraham hat ein Kind Isaak
und
Sara hat ein Kind Isaak
--> Abraham und Sara sind die Eltern.
```

Der Begriff „Eltern" ist jedoch nicht auf die Familie von Abraham und Sara beschränkt, sondern allgemeingültig. Dementsprechend muß eine logische Formalisierung der Umgangssprache mehr Ausdrucksmittel haben als die eben vorgestellte Aussagenlogik: wir brauchen auch *Variable*. Um eine allgemeine Aussage über *Eltern* zu bekommen, ersetzen wir *Abraham* durch die Variable *X*, *Sara* durch die Variable *Y* und *Isaak* durch die Variable *Z*. Die allgemeine Eltern-Regel lautet nun:

```
X hat ein Kind Z            /*1*/
und
Y hat ein Kind Z            /*2*/
und
X ist nicht gleich Y
--> X und Y sind Eltern.
```

Um überprüfen zu können, ob diese Regel für einen konkreten Fall wahr ist, muß man nun einen konkreten Fall beschreiben. Dies geschieht durch zwei wahre Aussagen, zwei *Fakten*, über Abraham und Sara, die *nicht* miteinander verknüpft sind.

```
Abraham hat ein Kind Isaak.
Sara hat ein Kind Isaak.
```

Die erste Bedingung der Eltern-Regel ist bei Gültigkeit dieser Fakten wahr, wenn man für *X* den Wert *Abraham* annimmt und für *Z* den Wert *Isaak*. Nun muß noch die zweite Bedingung überprüft werden. *Z* hat bereits einen Wert, nämlich *Isaak*. Es muß also nach einem weiteren Fakt gesucht werden, der an der *Z*-Stelle bereits *Isaak* hat. Diesen gibt es, und *Y* hat in ihm den Wert *Sara*.

Horn-Klauseln und Fragen

Damit haben wir auch schon etwas *Prädikatenlogik* kennengelernt. Auf dieser basiert die Programmiersprache Prolog. In Prolog werden allerdings die *Regeln* als *Horn-Klauseln* in der Form

```
Ergebnis :- Bedingung1, ..., BedingungN.
```

geschrieben. Das Symbol „:-" ist zu lesen als „ist wahr, wenn gilt". Das Komma steht für die *und*-Verknüpfung, die *Konjunktion*. Deshalb wird diese Regel nach der Vorschrift der *und*-Funktion interpretiert. Das Ergebnis ist also wahr, wenn alle Bedingungen von *1* bis *N* wahr sind. Ein *Fakt* ist eine von *nichts* abhängige Klausel, seine Notation ist dementsprechend einfach:

```
Ergebnis.
```

Den Anstoß zur Überprüfung einer Regel gibt der Benutzer durch eine *Frage*, die immer nach einem Ergebnis, das heißt also nach der linken Regelseite, fragt.

```
?- Ergebnis.
```

Dies ist so festgelegt, da Prolog die Regeln und Fakten immer von links nach rechts durchsucht. Da links das Ergebnis steht und rechts eine Konjunktion von Ursachen, liegt bei Prolog eine rückwärtsverkettende Kontrollstruktur vor. Benutzen wir diese Schreibweise, dann sieht unsere allgemeine Regel über Eltern so aus:

```
sind_Eltern(X, Y) :-
        X hat_ein_Kind Z,          /*1*/
        Y hat_ein_Kind Z,          /*2*/
        X ungleich Y.
```

Zu den Fakten fügen wir noch einige dazu und schreiben folgendermaßen:

```
'Abraham' hat_ein_Kind 'Isaak'.
'Abraham' hat_ein_Kind 'Ismael'.
'Sara' hat_ein_Kind 'Isaak'.
'Hagar' hat_ein_Kind 'Ismael'.
```

Die Frage lautet dann:

```
?- sind_Eltern(X, Y).
```

Wir wissen nun schon, wie diese Frage an Hand der vorliegenden Regeln und Fakten überprüft wird: sie wird mit allen linken Seiten verglichen, und wenn diese übereinstimmen, werden die jeweiligen Variablen mit den Werten *unifiziert*, das heißt gleichgesetzt.

Was soll aber nun geschehen, wenn es viele Regeln und Fakten gibt? Dann wird *sequentiell* eine nach der anderen überprüft. Jeder Fakt, der verwendet wurde, wird *markiert*, vom Prolog-System als „erledigt" vermerkt. Auf diese Weise werden als erste Lösung

```
X = Abraham
Y = Sara
Z = Isaak
```

gefunden.

Rücksetzen – das „Backtracking"

Nun interessiert uns, ob es noch mehr Elternpaare in unserer Beschreibung gibt. X, Y und Z müssen dazu die mit ihnen *unifizierten* Werte wieder verlieren, um neue Inhalte bekommen zu können, die ebenfalls die Eltern-Regel erfüllen. Fordern wir das Prolog-System auf, uns eine andere Lösung zu liefern, so findet es

```
X = Abraham
Y = Hagar
Z = Ismael.
```

Diese Suche nach einem weiteren Ergebnis durch „Rückverfolgen des Suchpfads" bezeichnet man als *Rücksetzen* oder, häufiger, mit dem englischen Ausdruck *backtracking*.

Backtracking ist also die zweite Strategie des Suchmechanismus eines Prolog-Systems. Dabei geschieht folgendes. Die bei der letzten Aussagenfindung unifizierten Variablen werden gelöst. Im Beispiel ist die letzte Aussagenfindung die zweite Bedingung, und zwar die Unifizierung der Variablen Y mit dem Wert *Sara*. Prolog sucht nun zuerst nach einer zweiten Mutter für *Isaak*. Da es diese selbst bei den oft etwas verworrenen, alttestamentarischen Familienverhältnissen nicht gibt, muß Prolog noch einen Schritt weiter zurückgehen und überprüfen, ob es für die Variablen der ersten Bedingung nicht andere Werte gibt, die dann für die zweite Bedingung eine neue Ausgangsposition schaffen können. In unserem Beispiel gibt es tatsächlich noch eine Unifizierung, welche die erste Bedingung erfüllt, nämlich

```
X = Abraham
Z = Ismael.
```

Damit hat sich dann die Ausgangsposition der zweiten Bedingung verändert. Es wird nun nach Ismaels Mutter gesucht. Diese ist laut unserer Wissensbasis *Hagar*. Somit wurden zwei weitere Wertepaare für die allgemeine Elternregel gefunden.

Abgeschlossene Teilergebnisse

Nun soll noch der dritte Mechanismus der Prolog-Ablaufsteuerung, der „*cut*" erklärt werden. Die Verwendung dieser Anweisung gibt dem Programmierer die Möglichkeit, Backtracking zu verhindern. Dies ist dann sinnvoll, wenn er sicher ist, ein Teilergebnis erreicht zu haben und ein Rücksetzen „hinter" dieses vermeiden will.

Versehen wir unsere Regel nun mit dem *cut*, dann sieht sie folgendermaßen aus:

```
sind_Eltern(X, Y) :-
        X hat_ein_Kind Z,
        Y hat_ein_Kind Z,
        X ungleich Y,
        !.
```

Dies bedeutet, daß die Regel nur einmal erfüllt zu werden braucht. Denn sobald Prolog am Ende dieser Regel angekommen ist, erklären wir durch den *cut* die Suche für abgeschlossen.

Mit dieser Regel finden wir zwar nicht mehr Hagar als Mutter, wenn wir in den Fragen *X* und *Y* als Variable stehen lassen. Setzen wir aber an Stelle von *Y* in der Frage *Hagar* als Konstante ein, also:

```
?- sind_Eltern(X, 'Hagar').
```

so kann Prolog uns dies mit der Unifizierung

```
X = Abraham
Z = Ismael
```

bestätigen.

Ein Mini-Expertensystem in Prolog

Damit Sie jetzt noch einen Eindruck bekommen, wie ein Produktionssystem in Prolog ausssieht, möchten wir Ihnen noch ein ganz kleines, in dieser Sprache geschriebenes Expertensystem vorführen.

Da es, wie gesagt, klein sein soll, haben Sie sicher Verständnis dafür, wenn wir uns hierfür ein Gebiet ausgesucht haben, über welches die Menschheit bisher noch nicht allzuviel Wissen besitzt. Und zwar die Verhaltensweisen von *Lapümfen* und *Prieks.* Hier ist das, was wir in der einschlägigen Fachliteratur darüber in Erfahrung bringen konnten:

Drei Prieks gibt es, nämlich den Bopriek, den Kipriek und den Blapriek; und jeder Priek gnaselt genau eine Lapümfe. Folglich gibt es drei verschiedene Lapümfen: die Drauslapümfe, die Glesslapümfe und die Haplapümfe. Jede Lapümfe wiederum knaudert, und zwar knaudert die eine Lapümfe an, die zweite ab und die dritte knaudert über. Wenn nun die überknaudernde Lapümfe entweder vom Kipriek oder vom Bopriek gegnaselt wird, dann knaudert die Drauslapümfe an. Nun wird die Haplapümfe nicht vom Kipriek gegnaselt und sie überknaudert auch nicht. Außerdem gnaselt der Bopriek nicht die Drauslapümfe, und die von ihm gegnaselte Lapümfe knaudert nicht ab. Und wenn die Drauslapümfe vom Kipriek gegnaselt wird, dann knaudert die Glesslapümfe nicht über.

Abb. 4-1 Welche Lapümfe knaudert über?

Experten auf diesem komplizierten Fachgebiet wissen natürlich, welcher Priek welche Lapümfe gnaselt, und wie jede Lapümfe knaudert. Für uns Laien ist es besser, wir bringen obige Kenntnisse in die Wissensbasis eines Expertensystems ein und lassen uns derartige Fragen von ihm beantworten.

Abbildung 4-2 zeigt die entsprechenden Fakten und Regeln, in Prolog formuliert. Die in „/* ... */" eingefaßten Zeilen sind lediglich Kommentare, die Ihnen helfen sollen, sich in den Prolog-Programmen besser orientieren zu können.

Die allererste Zeile nennt, in eckige Klammern eingeschlossen, noch drei weitere Komponenten des Expertensystems, die wir Ihnen im folgenden ebenfalls zeigen werden. Dem Prolog-System sagt diese Zeile, daß es die Informationen in diesen Dateien *konsultieren* muß, bevor es unsere Anfragen beantworten kann.

Die nächsten beiden Programmzeilen definieren mit *op*, einem *eingebauten Prädikat*, die Operatoren *gnaselt* und *knaudert* – die übrigen Angaben steuern ihre Interpretation und brauchen uns in diesem Zusammenhang nicht zu interessieren.

Anschließend wird dann die Existenz der Prieks und der verschiedenen Knauderarten postuliert. Die Existenz der Lapümfen hätten wir natürlich ebenso wie die der Prieks in die Wissensbasis einbringen können. Wie unser oben zitierter Text aber schon angedeutet hat, ist dies tatsächlich nicht notwendig, da sich die Existenz der Lapümfen aus den übrigen Angaben logisch erschließen läßt.

Wichtig sind dann noch die beiden Regeln, aus denen sich ableiten läßt, wann ein Priek P die Lapümfe L gnaselt, und welcher Knauderart K sich die Lapümfe L befleißigt. Wie Sie wissen, ist das Komma als *und* zu lesen. Damit können Sie die erste der Regeln unmittelbar in folgenden Klartext übersetzen:

```
:- [generator, test, perm].

/* Operator-Definitionen : */

:- op(70, xfx, gnaselt).
:- op(70, xfx, knaudert).

/* Fakten : */

ist_priek(bopriek).
ist_priek(kipriek).
ist_priek(blapriek).

ist_knauderart(an).
ist_knauderart(ab).
ist_knauderart(über).

/* Regeln : */

P gnaselt L :-
        population(Pop),
        bedingungen(Pop),
        member([L,P,_],Pop).

L knaudert K :-
        population(Pop),
        bedingungen(Pop),
        member([L,_,K],Pop).
```

Abb. 4-2 Expertensystem „Lapümfen" (1) Fakten und Regeln

Wenn es eine **population** *Pop* (von Prieks, Lapümfen und deren Knauderarten) gibt,
und
diese bestimmten **bedingungen** entspricht
und
der Priek *P* und die Lapümfe *L* (auf deren Knauderart es hier nicht ankommt, das sagt die mit einem Unterstreichungsstrich (_) symbolisierte dritte Stelle in der Liste [*L*,*P*, _]) Mitglieder (**member**) dieser Population sind,
dann
gnaselt der Priek *P* die Lapümfe *L*.

Die zweite Regel beschreibt ganz entsprechend, wie das System die Knauderart *K* einer Lapümfe *L* ermitteln kann – *wenn* es die möglichen Populationen von Prieks, Lapümfen und Knauderarten *generieren* und gegen die Bedingungen *testen* könnte.

```
population(Pop) :-
        sind_prieks(P1,P2,P3),
        sind_knauderarten(K1,K2,K3),
        Pop = [[drauslapümfe,P1,K1],
                [glesslapümfe,P2,K2],
                [haplapümfe,P3,K3]].

sind_prieks(X,Y,Z) :-
        ist_priek(X1),
        ist_priek(Y1), Y1 \= X1,
        ist_priek(Z1), Z1 \= X1, Z1 \= Y1, !,
        perm([X1,Y1,Z1], [X,Y,Z]).

sind_knauderarten(X,Y,Z) :-
        ist_knauderart(X1),
        ist_knauderart(Y1), Y1 \= X1,
        ist_knauderart(Z1), Z1 \= X1, Z1 \= Y1, !,
        perm([X1,Y1,Z1], [X,Y,Z]).
```

Abb. 4-3 Expertensystem „Lapümfen" (2) Generator

Deshalb muß unser Expertensystem, wie wir ja schon sahen, einen **generator** und einen **test** *konsultieren.* Auch diese beiden Komponenten wollen wir Ihnen zeigen. Abbildung 4-3 ist das Prolog-Programm für den Generator einer (beliebigen) Population *Pop* als *Liste* möglicher Kombinationen von Lapümfen, Prieks und Knauderarten. Eine Liste wird in Prolog in eckige Klammern eingeschlossen. Jede der Kombinationen ist selbst wieder eine Liste, so daß ein Beispiel für eine derartige Population etwa

```
Pop = [ [drauslapümfe, bopriek, an],
        [glesslapümfe, kipriek, über],
        [haplapümfe, blapriek, ab] ]
```

wäre. Das Prädikat *population(Pop)* baut bei jedem Aufruf – per *backtracking* – eine *andere* Population auf; das übernehmen die Prädikate *sind_prieks* und *sind_knauderarten,* die dafür sorgen, daß
(1) durch entsprechende Abrufe von Fakten aus der Wissensbasis von Abbildung 4-4 den Variablen *X1, Y1* und *Z1* voneinander verschiedene Prieks bzw. Knauderarten zugewiesen werden, und
(2) mittels des *Permutationsprädikats perm,* auf das wir nachher noch kurz eingehen werden, bei jedem Rücksetzen eine andere Wertezuordnung als Unifizierung dieser Variablen zu den eigentlichen Argumenten *X, Y* und *Z* erfolgt.

Aus den so generierten Populationen muß dann nur noch diejenige (oder diejenigen) herausgesucht werden, welche den angegebenen Bedingungen gehorcht. Dies ist Aufgabe der Test-Komponente, die wir Ihnen in Abbildung 4-4 zeigen. Vor jedem Einzeltest haben wir in Kommentarzeilen – die mit Prozentzeichen (%) eingeleitet werden und vom Prologinterpreter überlesen werden – zur leichteren Lesbarkeit hingeschrieben, was der jeweils folgende Prolog-Term abtestet.

```
bedingungen(Pop) :-

        % Wenn die überknaudernde Lapümfe
        % entweder vom Kipriek oder vom Bopriek
        % gegnaselt wird, dann knaudert
        % die Drauslapümfe an :

        (not      (         member([_,kipriek,über],Pop)
                  ;         member([_,bopriek,über],Pop)
                  )
        ;         member([drauslapümfe,_,an],Pop)
        ),

        % Die Haplapümfe wird nicht vom Kipriek
        % gegnaselt :

        not member([haplapümfe,kipriek,_],Pop),

        % Die Haplapümfe überknaudert auch nicht :

        not member([haplapümfe,_,über],Pop),

        % Der Bopriek gnaselt nicht die Drauslapümfe :

        not member([drauslapümfe,bopriek,_],Pop),

        % Die vom Bopriek gegnaselte Lapümfe
        % knaudert nicht ab :

        not member([_,bopriek,ab],Pop),

        % Wenn die Drauslapümfe vom Kipriek gegnaselt
        % wird, knaudert die Glesslapümfe nicht über :

        (not      member([drauslapümfe,kipriek,_],Pop)
        ;         not member([glesslapümfe,_,über],Pop)
        ),
        !.
```

Abb. 4-4 Expertensystem „Lapümfen" (3) Test

Wenn es Ihnen Spaß macht, können Sie ja einmal versuchen, mit ihrer Hilfe die etwas kompliziertere Horn-Klausel selbst zu verstehen. Dazu sollten Sie nur noch wissen, daß die Klammern – wie in arithmetischen Formeln – logische Unterausdrücke zusammenfassen, und daß das Semikolon (;) in Prolog das logische *oder*, die *Disjunktion*, bedeutet. Wenn an Stelle einer Variablen der Unterstreichungsstrich (_) steht, dann heißt dies, daß es auf den Wert dieser *anonymen Variablen* nicht ankommt.

Der erste Term:

```
(not     (          member([_,kipriek,über],Pop)
         ;          member([_,bopriek,über],Pop)
         )
;          member([drauslapümfe,_,an],Pop)
)
```

wäre also in folgender Weise zu interpretieren:

```
entweder ist weder die Kombination
        [irgendeine Lapümfe, Kipriek, über]
        noch
        [irgendeine Lapümfe, Bopriek, über]
        Mitglied in Pop
oder es ist die Kombination
        [Drauslapümfe, irgendein Priek, an]
        in Pop enthalten.
```

Daß diese Aussage logisch das gleiche bedeutet wie diejenige im darüberstehenden Kommentar, das wird Sie vielleicht ein bißchen Nachdenken kosten (falls Sie nicht irgendwann einmal formale Logik gelernt haben und Ihnen dabei diese Umformung von *wenn-dann-* in äquivalente *nicht-oder*-Aussagen sowieso direkt neben das kleine Einmaleins ins Unterbewußtsein einprogrammiert wurde).

Wie versprochen zeigt Ihnen Abbildung 4-5 jetzt noch das Permutationsprädikat, das für eine beliebig lange Liste *[A, B, ..., Z]* beliebiger Elemente *A* bis *Z* als erstes Argument eine *permutierte*, also irgendwie vertauschte Liste dieser Elemente als zweites liefert. Und zwar, wie schon gesagt, bei jedem Rücksetzvorgang eine andere!

Seine Formulierung in Prolog ist verblüffend einfach – die Verfasser kennen keine andere Programmiersprache, die hier mit Prolog wetteifern kann. Die Idee hinter der sehr knappen Formulierung ist die folgende: Man beschreibt in Prolog *nicht den*

```
perm([],[]).                       /*1*/
perm(L,[H|T]) :-                   /*2*/
        delete(H,L,L1),
        perm(L1,T).


delete(X,[X|T],T).                 /*3*/
delete(X,[H|T],[H|T1]) :-          /*4*/
        delete(X,T,T1).
```

Abb. 4-5 Das Permutations-Prädikat perm(Liste,Permutierte_Liste)

Vorgang, wie man die einzelnen Elemente jeweils miteinander vertauschen muß, damit man jedesmal eine neue, andere Anordnung bekommt, sondern man teilt dem System lediglich mit, *welche Eigenschaften* die Permutation einer Liste von Elementen charakterisieren. Wir können die wenigen Zeilen von Abbildung 4-5 also

als „Miniatur-Wissensbasis" auffassen, welche ein Stück „mathematisches Expertenwissen" über den Begriff der Permutation beschreibt. Deshalb lohnt es sich, sie
in natürliche Sprache „zurückzuübersetzen":

/*1*/ Die einzige Permutation einer leeren Liste ist eben diese leere Liste.

/*2*/ Wenn man aus der permutierten Liste das erste Element weglöscht, dann
       muß der Rest der permutierten Liste eine Permutation der übriggebliebenen
       Elemente sein.

/*3*/ Wenn ein zu löschendes Element einer Liste das erste in der Liste ist, dann
       ist die Ergebnisliste nach der Löschung der Rest dieser Liste.

/*4*/ Ist das zu löschende Element einer Liste nicht das erste, so haben die Aus-
       gangsliste und die Ergebnisliste nach seiner Löschung weiterhin das gleiche
       erste Element, und man muß das zu löschende Element aus der Restliste ent-
       fernen.

Aus diesem Beispiel können Sie zwei wichtige Einsichten gewinnen:

- Die Formulierung in Prolog, also in Horn-Klauseln, ist wesentlich kompakter
  und deshalb nach kurzer Einlesezeit auch viel leichter verständlich als die in natürlicher Sprache.

- Die Klauseln /*1*/ und /*2*/ für *perm* haben wir in natürlicher Sprache in der
  Form „wenn Voraussetzung – dann Ergebnis", /*3*/ und /*4*/ für *delete* als
  „wenn Situation – dann Aktion" wiedergegeben. Wir haben oben bereits darauf
  hingewiesen, daß Prolog hier keinen Unterschied macht. Und daß das Ihnen
  beim Lesen vermutlich gar nicht bewußt wurde zeigt, daß – wie wir ja bereits sagten – die Wahl der umgangssprachlichen Formulierung ausschließlich vom bes-
  seren Verständnis für den Menschen bestimmt sein sollte.

Zum Abschluß wollen wir Ihnen jetzt noch zeigen, wie ein Dialog mit unserem
Lapümfen-Expertensystem aussehen kann. Abbildung 4–6 zeigt Ihnen ein kleines
Beispiel. Mit „?-" fordert das System jeweils zur nächsten Eingabe auf. Die *kursiv*
geschriebenen Texte sind dann die Fragen oder Anweisungen des Benutzers. Das
System antwortet mit *yes* oder *no*, je nachdem, ob die Benutzereingabe eine zutref-
fende oder nicht zutreffende Behauptung ist.

Enthält sie *logische Variablen*, in Prolog am großen Anfangsbuchstaben zu erkennen, dann gibt das System – wenn möglich – die Werte aus, für welche die Be-
nutzeranfrage zutrifft. Gibt es mehrere Alternativen, wie dies bei der letzten Anfrage mit *Priek* und *Lapümfe* als Variablen der Fall ist, dann wird zuerst eine der Möglichkeiten angegeben. Wollen Sie weitere abrufen, müssen Sie, wie in unserem Beispiel, ein Semikolon (;) eingeben: das hat, wie Sie bereits wissen, in Prolog die Bedeutung *oder*, und dementsprechend bietet Ihnen das System dann eine andere Al-
ternative an. Das können Sie solange tun, bis es keine weitere Möglichkeit mehr
gibt – dies erfahren Sie durch die Antwort *no*.

Allerdings – dieses Beispiel sollte sie nicht verleiten zu glauben, alle Expertensysteme seien so simpel. Um eine Reihe kniffliger Punkte, wie zum Beispiel die Erklärungskomponente, haben wir uns schlicht gedrückt. Und wie gesagt, die Wissensbasis ist viel, viel kleiner als diejenigen, die Ihnen auch in den harmlosesten praktischen Anwendungen begegnen werden. Deshalb konnten wir den Generator und
den Test so einfach schreiben. Über einer echten Wissensbasis mit Hunderten oder
gar Tausenden von Klauseln würde ein derartiges, stumpfsinniges Ausprobieren aller möglichen Kombinationen viel zu zeitaufwendig. Wir werden auf diese Proble-

```
?- consult(lapümfen).

lapümfen consulted 2724 bytes

yes
?- drauslapümfe knaudert an.

no
?- drauslapümfe knaudert Wie.

Wie=über

yes
?- An_lapümfe knaudert an.

An_Lapümfe=haplapümfe

yes
?- Priek gnaselt Lapümfe.

Priek=blapriek
Lapümfe=drauslapümfe;

Priek=kipriek
Lapümfe=glesslapümfe;

Priek=bopriek
Lapümfe=haplapümfe;

no
?- halt.
```

Abb. 4-6 Beispiel eines Benutzerdialogs mit dem Lapümfen-Expertensystem

me der *Komplexität* und der durch sie verursachten „Explosionen des Problemlösungs-Aufwands" später noch ausführlich eingehen.

Einstweilen wollen wir Sie jedoch bitten, unser Lapümfen-System als Musterbeispiel eines kleinen Expertensystems zu akzeptieren, damit wir mit ihm als Hintergrund etwas eingehender über die Struktur wissensorientierter Software reden können.

Wenn es Sie jetzt reizt mit logischer Programmierung Ihr Glück zu versuchen, dann knobeln Sie doch mal an dem alten Problem, das ein Bauer mit seiner Ziege, einem Kohlkopf und dem Wolf hatte. Er besaß nur ein kleines Boot, das ihn und eines seiner drei Besitztümer faßte. In welcher Reihenfolge sollte er nun sein Hab und Gut über den Fluß transportieren, ohne die Ziege mit dem gierigen Wolf oder den Kohlkopf mit der gefräßigen Ziege auf einem Ufer allein zurückzulassen? Ihre Lösung können Sie mit unserer im Anhang II vergleichen.

Abb. 4-7 Ziege, Wolf und Kohlkopf

Literaturhinweise

Der bedeutendste Proponent der Logischen Programmierung ist ein Professor am *Imperial College* in London, *Robert Kowalski*. Für seine Arbeiten auf diesem Gebiet erhielt er den *Turing*-Preis, den „Nobel-Preis" der Informatiker. Bei diesem Anlaß hielt er die *Turing-Vorlesung*

R. Kowalski, **Algorithm = logic + control**, Communications of the ACM **22** (July 1979), S. 424.

Eine gute Einführung in seine Ideen gibt

R. Kowalski, **Logic Programming** in: *Information Processing 83, (R.E.A. Mason, Hrsg.)* Elsevier Science Publishers, New York (1983), S. 133.

Das Standardwerk über die Programmierung in Prolog ist

W.F. Clocksin, C. S. Mellish, **Programming in Prolog**, 3. Auflage, Springer-Verlag, Berlin Heidelberg New York Tokyo 1987.

Wenn Sie sich in den mathematisch-logischen Hintergrund einarbeiten wollen, dann empfehlen wir

J.W. Lloyd, **Foundations of Logic Programming**, 2. Auflage, Springer-Verlag, Berlin Heidelberg New York Tokyo 1987.

Wie man eine „Expertensystem-Schale" in Prolog formuliert, erfahren Sie aus einem Aufsatz in dem von uns bereits zitierten Forschungsbericht:

Bernhard Mescheder, **Funktionen und Arbeitsweise der Expertensystem-Shell Twaice**, in: **Künstliche Intelligenz und Expertensysteme**, Oldenbourg, München (1985), S. 57.

Unsere Wissensbasis über die Gewohnheiten von Prieks und Lapümfen stammt aus

Zweistein, **Neue Logeleien**, Hoffmann & Campe, Hamburg 1971.

5 *Software für wissensbasierte Anwendungen*

Programmierung im großen und im kleinen

Wenn heute in der Literatur von „Programmierung" die Rede ist, werden in der Regel zwei verschiedene Dinge angesprochen. Man unterscheidet die *Programmierung im großen* und die *im kleinen.*

Das erste ist die allgemeine Struktur des Programmsystems, seine *Modularisierung.* Sie wird beschrieben, indem man die einzelnen *Komponenten* auflistet, ihre Funktionen beschreibt und die *Schnittstellen* definiert, über die sie mit anderen Komponenten – und natürlich mit der Außenwelt, also den Benutzern oder anderen Systemen -kommunizieren.

Dagegen meint die Programmierung im kleinen genau das, was sich der Nichtfachmann auch darunter vorstellt: die Formulierung von Komponenten in irgendeiner Programmiersprache, wobei die so erhaltenen Programmbausteine die „im großen" beschriebenen Funktionen und Schnittstellen realisieren müssen.

Wir wollen hier nicht über Softwareentwicklungsmethoden reden –der interessierte Leser findet hierüber inzwischen eine umfangreiche Literatur. Wir möchten aber zumindest kurz diejenigen Charakteristiken besprechen, in denen sich wissensbasierte Software von anderen, üblichen Anwendungen unterscheidet. Dies sind zum einen die verwendeten Programmiersprachen –Ausführungen hierzu werden den Hauptteil dieses Kapitels einnehmen. Zuvor aber sollten wir wenigstens oberflächlich auf die Struktur eines typischen wissensbasierten Systems eingehen.

Architektur eines Expertensystems

Weil der Begriff „Struktur" ziemlich unspezifisch ist – das bekannte Schlagwort *strukturierte Programmierung* bezieht sich zum Beispiel keineswegs auf die Modulstruktur, sondern auf die Programmierung „im kleinen" – wird zur Vermeidung von Mißverständnissen die Struktur eines Softwareprodukts „im großen" meist als *Architektur* bezeichnet. Der Ausdruck ist recht anschaulich. Was der Softwareentwerfer erstellt, ist ziemlich ähnlich dem, was der Bauherr von seinem Architekten wünscht: Pläne, welche vor allem die Hauptkomponenten des zu erstellenden Gebäudes („die Räume"), ihre gegenseitige Anordnung und ihre Schnittstellen untereinander und nach außen („Türen, Fenster, Versorgungsleitungen") zeigen sollen. Deswegen wollen wir auch hier den Ausdruck als Synonym für „Struktur im großen" verwenden.

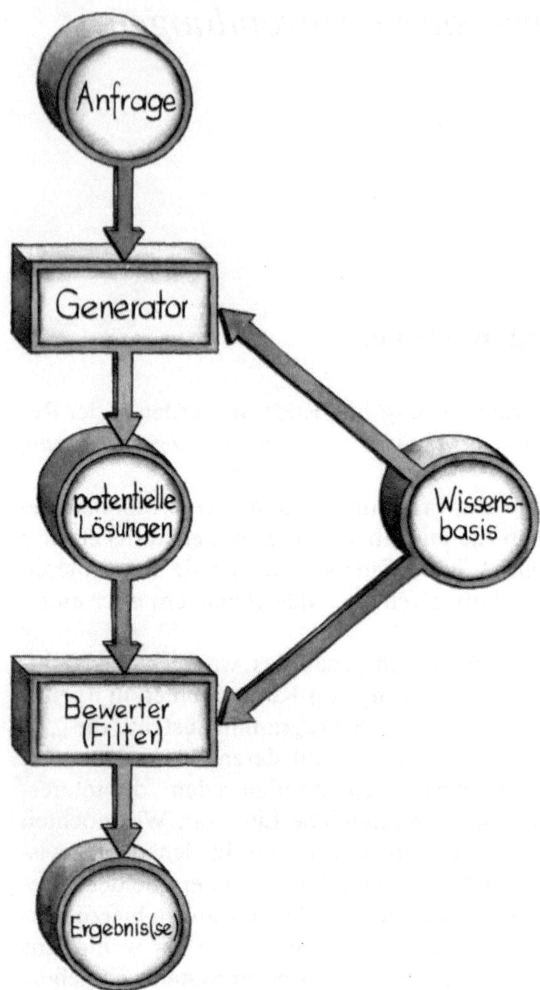

Abb. 5-1 Generator und Bewerter

Unser Beispiel-Expertensystem über Lapümfen und Prieks wies bereits die typische Architektur vieler einfacher wissensbasierter Systeme auf. Abbildung 5-1 stellt sie dar. Es existiert eine *Wissensbasis*, aus der zwei Hauptkomponenten die von ihnen benötigten Fakten und Regeln beziehen können. Diese Hauptkomponenten sind

- ein *Generator*, der die Anfrage des Benutzers übernimmt und eine Menge potentieller Lösungen erzeugt (im Falle der Lapümfen und Prieks war dies die Liste sämtlicher möglichen Kombinationen), und
- ein *Bewerter*, der als Filter aus dieser Lösungsmenge diejenigen heraussucht, welche den verschiedenen gestellten Nebenbedingungen entsprechen.

Diese einfache Modellarchitektur kann natürlich den Anforderungen nicht genügen, die an ein dialogfähiges Expertensystem gestellt werden. Wir hatten ja bereits

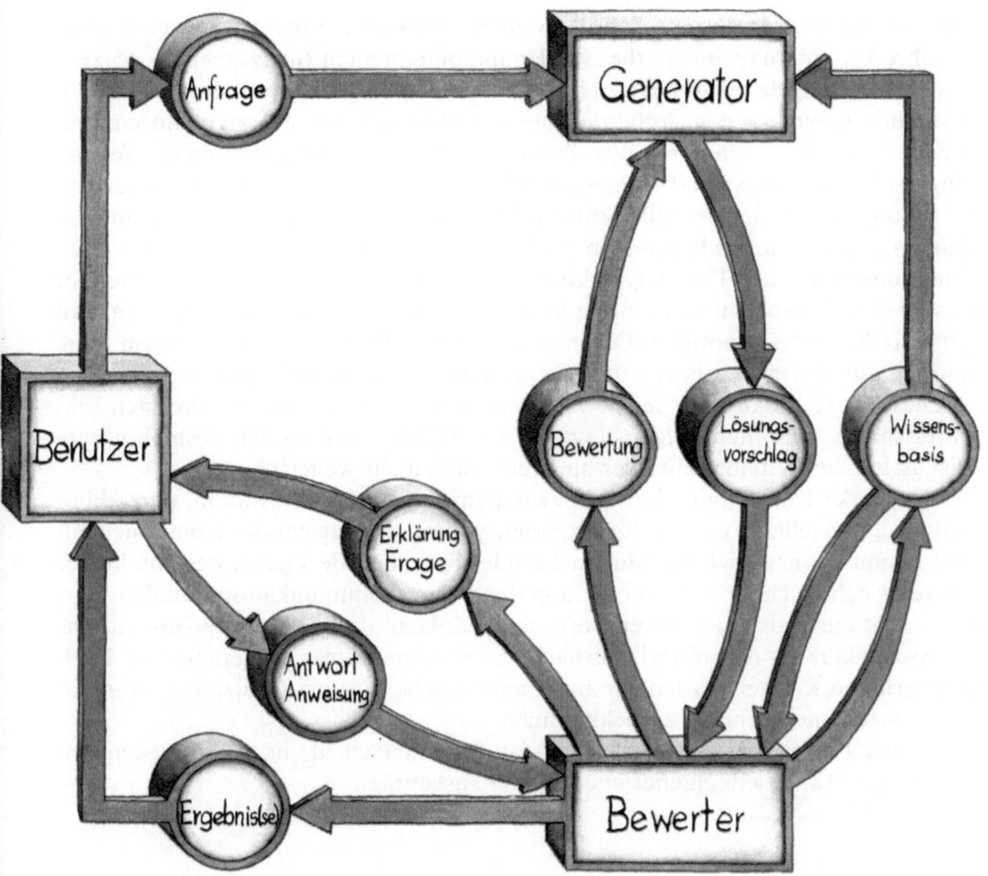

Abb. 5-2 Kommunikationsfluß während des Benutzerdialogs mit einem Expertensystem

gesagt, daß hier unter anderem Erklärungskomponenten vorgesehen werden müssen, daß die Wissensbasis nicht nur gelesen sondern laufend ergänzt wird, und daß der Benutzer seinerseits die Erarbeitung der Ergebnisse steuernd beeinflussen will – aus unserer Diskussion von *Mycin* werden Sie sich an derartige Funktionen erinnern.

Für echte, einsatzfähige Expertensysteme kommt man so auf einen Kommunikationsfluß zwischen den Hauptkomponenten, wie ihn Abbildung 5-2 zeigt.

Die einfache Struktur von Abbildung 5-2 ist hier nicht nur um die Fortschreibung der Wissensbasis durch den Bewerter ergänzt, sowie um einen Dialog, in welchem dem Benutzer Erklärungen gegeben und Fragen gestellt werden und er seinerseits dem System Antworten und Anweisungen gibt. Es werden auch Bewertungen an den Generator zurückgesandt, die ihn – entsprechend der Bewertung der bisherigen Ergebnisse und den neuen Anweisungen des Benutzers –bei der Erzeugung von Lösungsvorschlägen steuern sollen.

Die in Abbildung 5-2 gezeigte Systemarchitektur ist immer noch recht allgemein. Sie ist deshalb auch in vielen, wenn nicht den meisten Expertensystemen wiederzuerkennen. Der nächste Schritt in einem konkreten Entwurfsvorhaben wäre nun ihre Verfeinerung, indem die zwei Hauptkomponenten *Generator* und *Bewerter* – am besten ausgehend von den zu bedienenden Kommunikationskanälen – in Untermodule zerlegt werden. Außerdem sind sie um Komponenten zu ergänzen, welche die Dialogabwicklung mit dem Benutzer (oder den Benutzern) und die Verwaltung der Wissensbasis übernehmen. Dazu kommen noch, je nach der Anwendungsumgebung, zahlreiche spezielle Softwarebausteine, wie zum Beispiel Kommunikationsprogramme zur Einbindung in ein Datenübertragungsnetz oder zum Anschluß eines konventionellen Datenverwaltungssystems; gerade bei Expertensystemen für existierende Organisationen muß ja in der Regel davon ausgegangen werden, daß große Teile der zu benötigten Daten nicht in einer *Wissensbasis* in unserem Sinn, sondern nur in den bereits vorhandenen Datenbanken zur Verfügung stehen.

Diese kurze Diskussion der Erweiterungen zeigt bereits, daß die nächsten Entwurfsschritte nicht mehr allgemeingültig sein können. Wir wollen deshalb unsere Diskussion der Systemarchitektur hier auch nicht mehr weiterführen.

Der starke Kommunikationsfluß zwischen den einzelnen Moduln, den Abbildung 5-2 darstellt, ist typisch für Expertensysteme. Mit steigender Komponentenzahl nimmt er eher noch zu. Mit wachsender Systemgröße wird er deshalb immer schwerer beherrschbar. Die Verwaltung der vielen Kommunikationskanäle ist damit – weit mehr als bei anderen Softwareprodukten – das Hauptproblem, auf das die Architektur der meisten wissensbasierten Systeme primär ausgerichtet ist. In einem späteren Kapitel werden wir auf einen typische Lösungsansatz, das „Wandtafel“-Konzept, noch einmal zurückkommen.

Bei der Programmierung im kleinen ist der Unterschied zur traditionellen Anwendungssoftware jedoch eher noch stärker ausgeprägt.

Programmiersprachen für Expertensysteme

Im vorigen Kapitel wurden bereits die zwei Programmiersprachen erwähnt, die Ihnen im Bereich der Expertensysteme wohl am häufigsten begegnen werden: LISP und Prolog. Falls Sie bis jetzt noch nichts mit theoretischer Informatik oder einem der mehr esoterischen Gebiete der Datenverarbeitung – zum Beispiel eben der „künstlichen Intelligenz“ – zu tun hatten, ist die Wahrscheinlichkeit ziemlich groß, daß Sie von beiden Sprachen noch nie etwas gehört haben. Deshalb sollten wir an dieser Stelle etwas über Programmiersysteme im allgemeinen und über diese Sprachen im besonderen reden.

Sicher kennen Sie eine Reihe üblicher Programmiersprachen wie *Basic*, *Cobol* oder *Pascal* dem Namen nach, oder vielleicht auch aus Ihrer Programmierpraxis. Wenn das zweite der Fall ist, werden Sie auch wissen, daß diese Sprachen *problemorientiert* genannt werden, im Gegensatz zu *maschinenorientierten*. Diese beiden Bezeichnungen sind selbsterklärend: die Entwickler problemorientierter Sprachen bemühen sich, bei ihnen von den Datentypen und Anweisungsstrukturen auszugehen, die jeweils in den zu erwartenden Anwendungen am häufigsten gebraucht werden. Eine maschinenorientierte Sprache – meist als *Assembler* für die Maschine XYZ bezeichnet – bietet dem Programmierer als Ausdrucksmittel im wesentlichen die Datentypen und Befehle der Hardware eben dieser Maschine XYZ an, ob sie nun für das gerade bearbeitete Problem passen oder nicht.

Da Programmieren ohnehin schon schwer genug ist, versucht man heute, möglichst für jedes Aufgabengebiet geeignete problemorientierte Sprachen bereitzustellen. Und man ergänzt moderne Sprachen durch eine Reihe von Dienstleistungen und Programmierhilfsmittel, wie etwa auf sie abgestimmte Datenbanken, Bildschirm-Dialoggeneratoren oder Testwerkzeuge, wodurch sie zu *Programmiersystemen* werden.

Wenn man das konsequent durchführt, erreicht man irgendwann den Punkt, wo auch der professionelle Programmierer die „eigentliche" Hardware vergessen kann. Auf modernen Mikro-Computern ist dieser Zustand oft schon erreicht: wenn Sie sich heute in einem Computershop ein derartiges System kaufen,wird Ihnen der Verkäufer vermutlich erklären, es handle sich um einen „Basic"- oder einen „Pascal-Rechner". Und wenn Sie dann einen „Assembler" dafür verlangen, wird er Ihnen vielleicht sogar sagen „es gäbe keinen".

Für dieses Phänomen, daß man die im Grunde per Software – also mit Programmen wie Compilern, Interpretern und Betriebssystemen – realisierte Systemstruktur als die *Basismaschine* nicht nur für den Endbenutzer, sondern auch für den Fachprogrammierer ansieht, haben die Informatiker eine spezielle Bezeichnung: sie sprechen von einer *virtuellen Maschine.* „Virtuell" heißt „scheinbar", und damit besagt dieser Ausdruck genau das, was wir gerade beschrieben haben: der Rechner ist „scheinbar" zur problemorientierten Maschine geworden.

Nach dieser Vorrede können wir jetzt auf unser eigentliches Thema zurückkommen. Warum gibt es für die Intelligenztechnologie und insbesondere für Expertensysteme spezielle Programmiersprachen und -systeme?

Der Grund ist einfach der, daß diese Einsatzgebiete für Computer ganz andere Datenstrukturen und Operationen brauchen als die traditionellen. Der größte Teil der „klassischen" Rechneranwendungen liegt auf zwei Schwerpunkten. Zum einen die technisch-wissenschaftliche Datenverarbeitung, die hauptsächlich umfangreiche numerische Aufgaben zu lösen hat. Und zum anderen die kommerziellen Anwendungen, bei denen das „Zahlenrechnen" zwar auch noch eine Rolle spielt, gegenüber den wissenschaftlichen Anwendungen aber die Verwaltung und Manipulation großer Daten- und Textbestände auf Externspeichern zum dominierenden Programmierproblem geworden ist. Diese Probleme werden deshalb von den üblichen Programmiersystemen (und – wie wir später noch sehen werden – von unserer normalen Hardware) optimal unterstützt. Komplexe Fakten- und Regelstrukturen, wie wir sie etwa bei der Besprechung von *Mycin* oder auch schon in dem kleinen Beispiel-Expertensystem für das Wissen um Prieks und Lapümfen kennenlernten, sind dagegen in ihnen weder als Datenstrukturen vorgesehen noch mit den bereitgestellten Anweisungen leicht zu manipulieren.

Damit sind unsere üblichen „höheren" Programmiersprachen für Expertensysteme eben nicht „problemorientiert". Man kann sie zwar mit ihnen realisieren – aber nur genauso mühsam, fehleranfällig und „altmodisch" wie konventionelle Computeranwendungen mit maschinenorientierten Assemblern. Also war es sinnvoll, sich hierfür neue, geeignetere Sprachen zu definieren.

LISP

Die erste der beiden wichtigsten dieser Sprachen ist schon ziemlich alt. *LISP* wurde in den 50er Jahren von *John McCarthy* in Stanford für seine Forschungsarbeiten auf dem Gebiet der künstlichen Intelligenz entwickelt. Ihr Name steht für *List Processing* und ist damit für den normalen Menschen noch verwirrender als ihre Notation – im wesentlichen viele, viele Klammern mit ein paar Wort- und Zahlensymbolen dazwischen. Mit dem, was man umgangssprachlich unter einer „Liste" versteht, hat der Begriff hier nichts zu tun (und damit LISP auch überhaupt nichts mit den *Listengeneratoren* der kommerziellen Datenverarbeitung).

Mit *Liste* bezeichnete *McCarthy* – und seit der Zeit jeder Informatiker – die oben erwähnten Datenstrukturen aus vielen Klammern und Symbolen. *McCarthy* stellte fest, daß man

- Manipulationen mit solchen Listen sehr gut mit einer mathematischen Theorie, dem sogenannten *Lambda-Kalkül* von *Alonzo Church* beschreiben kann,
- die dafür zu definierenden Funktionen ihrerseits sehr schön als *LISP-Listen* aufschreiben kann
- und deshalb eine „problemorientierte" Bearbeitung derartiger Listenstrukturen mit einer relativ einfachen *virtuellen Maschine* leicht implementiert werden kann – selbst auf den verhältnismäßig primitiv strukturierten konventionellen Rechnern, die damals verfügbar waren.

Diese drei Grundideen verhalfen LISP zumindest im angelsächsischen Raum zu einer dominierenden Stellung überall dort, wo anspruchsvollere Symbolverarbeitungsaufgaben gelöst werden mussten, für welche die Sprachmittel „normaler" Programmiersprachen nicht mehr ausreichten oder zumindest nicht mehr „bequem" waren. Und sie passten erstaunlicherweise ein Vierteljahrhundert später genau in den oben schon erwähnten, modernen Trend, problemorientierte Arbeitsplatzcomputer zu bauen. Weil die Grundmechanismen so einfach zu realisieren sind und die Implementierung auch anspruchsvoller Symbolverarbeitungs-Aufgaben verhältnismäßig leicht machen, wurden *LISP-Computer* so etwas wie die Rolls-Royce unter den Arbeitsplatzrechnern: sie bieten zum Beispiel auch besonders gute Graphik auf hochauflösenden Bildschirmen.

Trotzdem – auf der Ebene der Symbolverarbeitung ist LISP im Grunde *keine* problemorientierte Sprache, sondern eben „lispmaschinen-orientiert". Es stellt die Basis-Datentypen und Operationen zur Manipulation von Listenstrukturen genauso zur Verfügung wie ein klassischer Assembler die zur Bearbeitung von Zahlen und Bitmustern. Die „problemorientierten" Komponenten eines Expertensystems, also zum Beispiel die Organisation des *Wissensspeichers* für Fakten und Regeln sowie die mit ihnen arbeitende *Inferenzmaschine,* muß man sich daraus erst aufbauen.

Deshalb werden für LISP-Systeme inzwischen zunehmend sogenannte *shells* angeboten. Das sind *Programm-Schalen,* welche diese Funktionen in möglichst allgemeiner Form bereitstellen und – zumindest im theoretischen Idealfall – nur noch mit einer speziellen Wissensbasis „gefüllt" werden müssen, um ein konkretes Expertensystem zu realisieren.

Prolog

15 bis 20 Jahre nach LISP entstand dann die zweite der für uns wichtigen Programmiersprachen, diesmal jedoch in Europa.

Die Grundideen stammen von *R. Kowalski*, der am *Imperial College* in London darüber nachdachte, wie man Computerprogramme mit sogenannten *Horn-Klauseln* beschreiben könnte, und *A. Colmerauer*, der mehr oder weniger zufällig zur gleichen Zeit in Marseille die bereits im vorigen Kapitel vorgestellte Computersprache *Prolog*, für die *Programmierung in Logik* implementierte.

Horn-Klauseln sind nichts weiter als eine besondere Schreibweise für logische Fakten und Folgerungsregeln. Wir wollen auf sie nicht im Detail eingehen, sondern benutzen sie hier einfach. Sie sind nämlich viel leichter lesbar als in ihren theoretischen Grundlagen zu verstehen. In den Beispielen für die Programmiersprache Prolog sind Ihnen Horn-Klauseln übrigens schon begegnet.

Ein Prolog-System verwaltet nämlich eine Wissensbasis aus Horn-Klauseln. Mit den dort gesammelten Informationen führt es im Grunde nur eine einzige Basisoperation aus: es prüft, ob Aussagen zutreffen, das heißt mit den ihm bekannten Wissen logisch beweisbar sind, oder nicht. Dieser Mechanismus realisiert die *Inferenzmaschine*, die wir neben der Wissensbasis als Grundbaustein eines üblichen Expertensystems kennengelernt haben.

Im Unterschied zu LISP ist Prolog also ausgesprochen problemorientiert, und zwar genau für die wichtigste Klasse von Problemen, die der Entwickler eines Expertensystems lösen muss. Dementsprechend programmiert es sich in ihm zumindestens solange wesentlich schneller, angenehmer und fehlerfreier als in LISP, als sich die Aufgaben mit formallogischen Mitteln beschreiben lassen.

Was muß man anschaulich unter *Fakten* und *Regeln* verstehen? Abbildung 5–3 visualisiert dies mit einem Auszug aus der „Wissensbasis", die jeder Autofahrer internalisiert haben muss. Ein typisches Faktum ist die Existenz einer Vorfahrtsstraße, symbolisiert durch das bekannte dreieckige Vorfahrtsschild. Der Führerscheinbewerber lernt dann *Klauseln* der folgenden Form:

(1) Der Autofahrer, der ein Vorfahrtsschild sieht, muß warten.
(2) Der von links kommende Autofahrer muß warten.

Daß die Klausel (2) nicht immer gilt, zeigt allein die Reihenfolge.

Entsprechend ist die Konvention in Prolog. In einem „Straßenverkehrsordnungs-Expertensystem" würden die beiden Regeln folgendermaßen notiert:

(1) muss_warten(X) :- sieht_vorfahrtsschild(X).
(2) muss_warten(X) :- kommt_von_links(X).

Sie werden in der Aufschreibungsreihenfolge geprüft, bis die erste als wahr erkannt wird. Diese bestimmt das Ergebnis – hier also, welcher von zwei Verkehrsteilnehmern an einer Kreuzung warten muß.

Natürlich ist nicht alles Expertenwissen „reine Logik". Und deshalb kann man auch in Prolog nicht jede Wissensbasis unmittelbar hinschreiben – was durchaus auch einmal LISP zur geeigneteren Implementierungssprache machen kann. Das

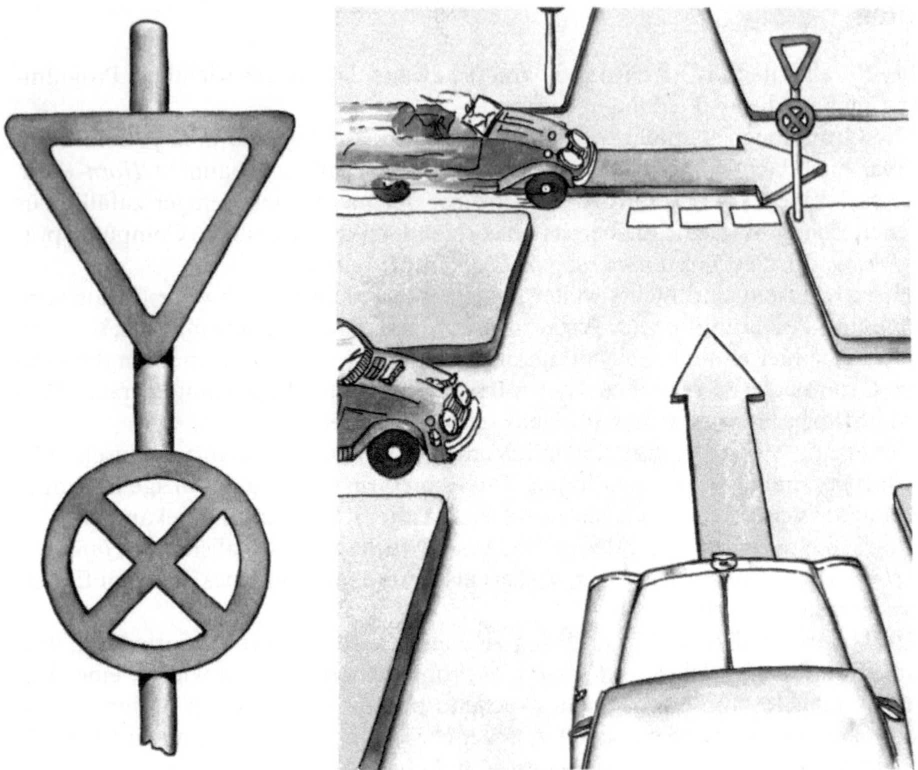

Abb. 5-3 „Fakten" und „Regeln" einer Verkehrskreuzung

kann dann der Fall sein, wenn die zu lösenden Aufgaben nicht zu den logischen Problemen gehören, an denen sich Prolog orientiert. Wir werden Ihnen später eine Reihe von Beispielen hierfür vorstellen. Zuerst einmal möchten wir jedoch noch etwas im Bereich der Logik verweilen.

Formale Logik

Wenn wir hier von *Logik* reden, meinen wir natürlich nicht das, was die Umgangssprache als solche bezeichnet („die Bayern werden Fußballmeister, ist doch *logisch*"), sondern natürlich die formalisierten Regeln des *logischen Schließens* als einen rein formalen und im Prinzip (oder mit einer Inferenzmaschine auch tatsächlich) automatisierbaren Prozeß.

Aber selbst wenn Sie irgendwo – in der Schule, beim Studium oder in einem Dialektikkurs zum Beispiel – eine Einführung in *formale Logik* erhalten haben, wird Ihnen die Variante, die wir hier verwenden, vermutlich fremd vorkommen – es sei denn, Sie haben Mathematik oder eine ihrer Nachbarwissenschaften studiert.

Das liegt daran, daß auch heute noch als logischer Formalismus fast ausschließlich die *scholastische* Logik des Mittelalters gelehrt wird. Sie ist zu arm, um mit ihren sprachlichen Mitteln eine komplexe Wissensbasis aufbauen zu können. Aber es wird Sie vielleicht interessieren, ob sie überhaupt etwas mit der Logik zu tun hat, von der wir hier sprechen.

Sie hat. Das wollen wir denjenigen von unseren Lesern, die sich dafür interessieren, kurz zeigen. Denn es gibt wenig intellektuell so frustrierende Situationen wie die, ein vertrautes Wissensgebiet plötzlich in völlig anderer Form zu sehen. Ist Ihnen die klassische Logik gleichgültig, können Sie diesen Unterabschnitt aber auch ohne weiteres überblättern.

Das Basiskonstrukt der scholastischen Logik ist der *Syllogismus*, eine Struktur aus drei *Sätzen* mit festem Aufbau. Die beiden ersten Sätze, der *Obersatz* und der *Untersatz*, sind die als richtig angenommenen Voraussetzungen (*Axiome*), der dritte ist der daraus logisch korrekt gefolgerte *Schlußsatz*. Ein Beispiel zeigt Abbildung 5-4.

```
Obersatz:
Alle Waffen sind nicht nützlich.
Untersatz:
Einige technische Produkte sind Waffen.


Schlußsatz:
Einige technische Produkte sind nicht nützlich.
```

Abb. 5-4 Ein Syllogismus vom Typ *Ferio*

Die Satzstruktur ist aus Abbildung 5-4 leicht zu erkennen. Jeder Satz ist eine Aussage, welche einen Begriff (im Beispiel „Waffen") mit einem anderen (zum Beispiel „nützlich") in Beziehung setzt. Für diese Beziehung gibt es vier mögliche Typen, welche die mittelalterlichen Logiker mit den Vokalen a, e, i, o folgendermaßen abkürzten:

a	Alle **X** sind **Y**.
e	Alle **X** sind nicht **Y**.
i	Einige **X** sind **Y**.
o	Einige **X** sind nicht **Y**.

Außerdem kommt einer der Begriffe sowohl im Obersatz als auch im Untersatz vor; dieser in beiden Sätzen (aber nicht im Schlußsatz!) vorkommende Begriff wird das *Medium* genannt. Im Beispiel von Abbildung 5-4 ist „Waffen" das Medium.

```
M : P        P : M        M : P        P : M
S : M        S : M        M : S        M : S


S : P        S : P        S : P        S : P
```

Abb. 5-5 Die vier logischen Figuren

Der logische Schluß besteht nun darin, daß im Schlußsatz das Medium eliminiert wird; dieser sagt dann eine Beziehung zwischen den beiden verbliebenen Begriffen aus. Da es insgesamt vier verschiedene Möglichkeiten für die Stellung des Mediums in Obersatz und Untersatz gibt, existieren vier verschiedene *logische Figuren*. Abbildung 5-5 stellt sie zusammen, wobei M für das Medium, P (*Primärbegriff*) für den zweiten Begriff im Obersatz und *S* (*S*ekundärbegriff) für den zweiten Begriff im Untersatz steht.

Welchen Typ nun jeweils der Schlußsatz

$$S : P$$

hat, dafür hatten die Scholastiker Merkworte, die ihre Schüler auswendig lernen mussten. *Barbara* ist zum Beispiel derjenige Schluß der ersten Figur, bei dem sowohl der Ober- als auch der Untersatz „positive Allaussagen" vom Typ *a* („alle X sind Y") sind. Daß der dritte Vokal des Wortes „Barbara" ebenfalls ein *a* ist, zeigt an, daß der Schlußsatz wieder eine Allaussage sein muß.

Auch in unserem Beispiel von Abbildung 5–4 haben wir die erste Figur gewählt. Der Obersatz ist eine negative Allaussage (Typ *e*), der Untersatz eine positive Teilaussage (Typ *i*). Als mittelalterlicher Scholastiker fiele Ihnen jetzt spontan das Merkwort *Ferio* ein, und aus dem letzten Vokal *o* folgt sofort, daß der Schlußsatz –wie in der Abbildung zu sehen – eine negative Teilaussage für die Beziehung zwischen *S* und *P* sein muß.

```
:- op(100, fx, alle).
:- op(100, fx, einige).
:- op(90, xfx, sind).
:- op(80, fx, nicht).

s( alle M sind P,
   alle S sind M,
   alle S sind P ).
s( alle M sind P,
   einige S sind M,
   einige S sind P ).
s( alle M sind P,
   alle S sind M,
   einige S sind P ).
s( alle M sind nicht P,
   alle S sind M,
   alle S sind nicht P ).
s( alle M sind nicht P,
   einige S sind M,
   einige S sind nicht P ).
s( alle M sind nicht P,
   alle S sind M,
   einige S sind nicht P ).
```

Abb. 5–6 Die erste logische Figur als Horn-Klauseln

So einfach ist das – man muß nur auswendiglernen und braucht dann überhaupt nicht mehr zu denken, denn es handelt sich, wie gesagt, um ein rein *formales System*! Trotzdem haben wir volles Verständnis dafür, wenn Sie der Meinung sein soll-

```
?- s(   alle waffen sind nicht nützlich,
        einige technische_produkte sind waffen,
        S  ).


S =     einige technische_produkte sind nicht nützlich


yes


?- s(   O,
        einige X sind waffen,
        einige technische_produkte sind nicht nützlich  ).


O =     alle waffen sind nicht nützlich
X =     technische_produkte


yes


?- . . .
```

Abb. 5-7 Beispieldialog mit einem „Expertensystem für Syllogismen"

ten, dieser Formalismus sei besser in einem Expertensystem aufgehoben als in Ihrem Kopf.

Die Notation der Syllogismen als Wissensbasis in Horn-Klauseln ist nahezu trivial. Man muß nur die verschiedenen erlaubten Typen für die vier logischen Figuren hinschreiben. Abbildung 5-7 zeigt Ihnen dies für die erste Figur. Wenn es Ihnen Spaß macht, können Sie sich bei Gelegenheit irgendein Buch über klassische Logik besorgen und aus den dort (hoffentlich) aufgelisteten Merkworten die anderen Figuren ergänzen. Das Ergebnis ist ein logisches Programm für die Lösung klassischer Syllogismen.

Wenn Sie es einem Prolog-Interpreter als Wissensbasis eingeben, können Sie mit ihm sofort den in Abbildung 5-7 gezeigten Dialog führen. Wie nicht anders zu erwarten, kann das System nicht nur aus Ober- und Untersatz den korrekten Schluß ziehen (S im ersten Beispiel der Abbildung). Es kann auch – wie die zweite Anfrage zeigt – bei vorgegebenem Schluß und teilweise gegebenem Untersatz den nötigen Obersatz O und die Variable X im Untersatz so ergänzen, daß ein logisch einwandfreier Syllogismus entsteht.

Ein „Expertensystem" für die klassische, scholastische Logik läßt sich also im Prinzip durch relativ wenige Fakten realisieren, Regeln werden dazu noch nicht einmal benötigt. Diese einfache Umsetzung liegt natürlich daran, daß beide Formalismen miteinander sehr verwandt sind – es sind halt beides *formal-logische Systeme.*

Die Syllogismen bilden also eine recht bescheidene Untermenge der durch Horn-Klauseln formalisierbaren Logik. Trotzdem sollte man auch die Mächtigkeit einer *logischen Programmiersprache* wie Prolog nicht überschätzen. Bei vielen Programmieraufgaben tut man sich nämlich auch mit ihr recht schwer. In den nächsten Kapiteln werden wir Ihnen Beispiele hierfür bringen.

```
?- s(    alle waffen sind technische_produkte,
         einige waffen sind nützlich,
         S   ).

S  =     einige nützlich sind technische_produkte

yes

?- . . .
```

Abb. 5-8 Deutsches Sprak, schweres Sprak, auch für Expertensysteme

Eine derartige Aufgabe ist die Realisierung von natürlichsprachlichen Benutzer-schnittstellen. Die Horn-Klauseln in Abbildung 5-6 und das Beispiel in Abbildung 5-7 hatten wir so gewählt, daß die „Illusion" einer Ausgabe in korrektem Deutsch entstand. Dieser günstige Eindruck verschwindet sofort, wenn man die Eingabe nur ein bißchen anders formuliert. Dann ist die Antwort des Systems zwar immer noch ein korrekter Syllogismus. Von seinem Deutsch läßt sich das jedoch beim besten Willen nicht mehr behaupten. Abbildung 5-8 zeigt ein Beispiel.

Und wenn Sie gar auf die Idee kommen sollten, statt „einige" auch „wenige" sagen zu wollen, oder „alle ... sind nicht" durch „keine ... sind" zu ersetzen, ist diese Aufgabe zwar nicht unmöglich. Sie werden aber schnell feststellen, daß Sie schon zur Behandlung solcher einfacher sprachlicher Varianten weit mehr Klauseln in ihre Wissensbasis aufnehmen müssen, als Sie für die eigentliche Aufgabe, das Lösen von Syllogismen, gebraucht haben.

Von der Schwierigkeit, halbwegs brauchbare natürlichsprachliche Dialoge zu realisieren, soll deshalb im nächsten Kapitel die Rede sein.

Literaturhinweise

Es gibt eine Reihe empfehlenswerter Bücher über moderne Softwareentwicklungstechniken, aus denen der Leser sich vor allem über die Prinzipien der Softwarestrukturierung und der System-architektur informieren kann. Stark an der typischen kommerziellen Anwendungsprogrammierung orientiert sich

Hubert Österle, **Entwurf betrieblicher Informationssysteme**, Hanser, München (1981).

Mehr auf die Systemprogrammierung ausgerichtet ist

Peter Schnupp und *Christiane Floyd*, **Software – Programmentwicklung und Projekt-organisation**, 2. Auflage, de Gruyter, Berlin (1979).

Das derzeit vermutlich beste Buch über die praktische Implementierung von wissensbasierten Anwendungen und Expertensystemen ist

Elaine Rich, **Artificial Intelligence**, McGraw-Hill, New York (1983).

Trotz seines hohen Niveaus ist es gut verständlich und erläutert sowohl die üblichen Algorithmen als auch die Datenstrukturen in vorbildlicher Weise und mit ausgezeichneten Beispielen, von denen wir viele für unser Buch übernommen oder angepaßt haben. Kaufen Sie das Werk Ihren Programmierern – es wird ihnen viel Arbeit und Fehler ersparen!

Eine sehr gute Einführung in den Programmentwurf mit *Horn-Klauseln* finden Sie in

R. Kowalski, **Logic for Problem Solving**, Elsevier Science Publ., New York (1979).

Die Beschreibung der Datenbestände und Geschäftsabläufe in einem Unternehmen mit Hilfe von logischen Fakten und Regeln wird in

D.S. Appleton, **Business Rules: The Missing Link**, Datamation **30** (Oct. 15, 1984), S. 145

besprochen. Der Aufsatz enthält eine Reihe guter Beispiele: diese sind allerdings nicht im Formalismus der *logischen Programmierung*, sondern in einem anderen (dem sogenannten *Entity Relationship*-Modell) dargestellt. Alles in allem ist die Arbeit aber recht informell und leicht lesbar geschrieben. Einem DV-Spezialisten dürfte es auch keine Schwierigkeiten bereiten, die dort vorgeschlagenen Verfahren in ein logisches Modell, zum Beispiel in Prolog, umzusetzen.

Eine Beschreibung und Begründung der klassischen, logischen Syllogismen finden Sie in in Band 1, S. 218 ff., von

Rupert Lay, **Grundzüge einer komplexen Wissenschaftstheorie**, 2 Bände, Josef Knecht Verlag, Frankfurt/Main (1971 und 1973).

Allerdings ist die Lektüre dieses Werks keineswegs einfach. Als eine leichter lesbare Einführung können wir die Darstellung in

Rupert Lay, **Dialektik für Manager** (11. überarbeitete Auflage), Wirtschaftsverlag Langen-Müller/Herbig, München (1983)

empfehlen.

6 *Natürliche Sprache*

... an einem Samstag des Jahres 3761 v. Chr.

In einem der besten (und unterhaltendsten) Bücher über die natürliche Sprache schreibt *Wolf Schneider*:

„Die Sprache wurde an einem Samstag des Jahres 3761 v. Chr. von Gott in Adam hineingelegt".

Entsprechend hintersinnig ist der Titel dieses Buches, „Wörter machen Leute". Womit auch gesagt wird, daß die Sprache den Menschen - zumindest zum guten Teil - ausmacht. Sie ist so eng mit ihm verbunden, daß wir zwar seit über 2000, vielleicht 3000 Jahren Sprachwissenschaft treiben, aber auch heute noch keine vollständige und exakte Theorie haben, wie die natürliche Sprache aufgebaut ist und funktioniert. Und daß deshalb jedes nicht gerade schwachsinnige dreijährige Kind jedem Computer hier haushoch überlegen ist.

Das wird auch noch für einige Zeit so bleiben. Obwohl die Bearbeitung natürlichsprachlicher Texte - vor allem für die Sprachübersetzung - eine der frühesten nichtnumerischen Aufgaben war, die mit Computern angegangen wurde. Obwohl bis heute wohl mehr Geld und Arbeit in dieses Gebiet der Datenverarbeitung investiert wurde als in alle anderen (mit Ausnahme leider vielleicht der militärischen Anwendungen, von denen jedoch auch ein Gutteil auf Versuche der Spracherkennung, des Sprachverstehens und der Sprachübersetzung fällt). Obwohl in jedem Science-Fiction-Film der Computer selbstverständlich perfekt Deutsch (Englisch, Japanisch, ...) versteht und allenfalls an seiner etwas blechernen Aussprache als Nicht-Mensch zu erkennen ist (als ob dieses rein logopädische Problem das schwierigste sei). Und obwohl auch heute noch viele glauben, weil es den - tatsächlich noch etwas blechern - sprechenden Taschencomputer in jeder Spielzeughandlung zu kaufen gibt, könne es zur sprachverstehenden Schreibmaschine als „Sekretärinnenersatz" nicht mehr weit sein.

„...heutzutage wird alles intelligent. Irgendwann werden Sie eine ernste Auseinandersetzung mit ihren Gartenmöbeln haben. Sie werden sagen: ‚Warum seid ihr hier draußen im Regen? Warum seid ihr nicht ins Haus gegangen, wie ich es euch gesagt habe?'"

So - laut *Fortune* vom 23. Juli 1984 - der Kurator einer Roboter-Ausstellung im *American Craft Museum*, New York, *Robert Malone*.

Dabei ist - wie für Menschen - das Reden auch für Computer viel einfacher als das Zuhören. Es sei denn, das Zuhören ist nur sehr oberflächlich, etwa auf dem Niveau einer Cocktailparty-Unterhaltung. Dann kann es auch ein Computer ganz gut. Wir werden Ihnen ein Beispiel dafür vorstellen.

Zuerst aber möchten wir den *sprechenden Computer* „abhaken": Sprechen ist nicht unbedingt eine „Intelligenzleistung", im Gegensatz zum Verstehen des Gesprochenen, und deshalb zumindest für dieses Buch hier uninteressant. Und wenn der Manager eines amerikanischen Autokonzerns nach Vorführung eines sprechenden Bordcomputers sich mokiert:

„Das Ding hat mir immer wieder gesagt, die Tür sei auf. Obwohl ich ihm sagte, ich hätte sie gerade selbst aufgemacht ..."

dann hat er Recht, und wir haben nichts mehr hinzuzufügen.

Der Turing-Test

Dagegen ist das Verstehen natürlicher Sprache, sei sie gesprochen oder – etwas, aber nicht viel einfacher für einen Computer – über die Tastatur eines Bildschirmgeräts oder einen Zeichenleser eingegeben, eines der interessantesten Probleme der Intelligenztechnologie. Und sicher auch im engeren Kontext der Expertensysteme eines der wichtigsten: jeder, der nicht „hauptberuflich" Datenverarbeitungs-Spezialist ist, vom Manager bis zum Arbeiter, ist es gewohnt, zu fragen und nicht zu schreiben, wenn er etwas wissen will. Einen Experten, dem er seine Fragen über die Tastatur eines Datensichtgeräts eingeben muß – vielleicht sogar noch in einer stark formalisierten Kunstsprache und unter Beachtung eines strikten Zeremoniells, wie es früher allenfalls bei Audienzen an Königshöfen üblich war – einen derartigen Experten wird er höchstens als Not- oder Übergangslösung akzeptieren.

Das Verständnis natürlicher Sprache ist zudem der wohl älteste Versuch zu definieren, wann man eine Maschine als intelligent bezeichnen könnte. Er stammt von dem englischen Mathematiker *Alan Turing*, aus einer Zeit, als es noch keine Elektronenrechner in unserem heutigen Sinne gab, sondern nur deren Vorläufer in Form von Dechiffriermaschinen, Gezeitenrechnern, Differentialanalysatoren und ähnlicher, nicht „universell", sondern nur für eine bestimmte Anwendung einsetzbarer Maschinen.

Turing gestand für seinen Intelligenztest der Maschine durchaus zu, daß sie mit dem Prüfer nur über einen Fernschreiber zu verkehren brauche. Wenn sie dann den Menschen, mit dem sie korrespondierte, im unklaren darüber lassen könne, ob er es mit einer Maschine oder einem Menschen zu tun habe, dann habe sie den Test bestanden. Wobei der Maschine übrigens auch jeder Trick als Täuschungsmittel erlaubt war: so dürfe sie durchaus ungleichmäßiger und tippfehlerbehafteter schreiben, als es ihr als Maschine möglich ist. Und sie dürfe auf die Frage, was die Quadratwurzel von 5503716 sei, eine Minute warten und dann eine falsche Antwort produzieren.

Auf was es Turing bei seinem Test vielmehr ankam, dafür gab er selbst folgendes Dialogbeispiel:

Prüfer: *In der ersten Zeile ihres Sonetts „Soll ich dich einem Sommertag vergleichen", würde da nicht ein „Herbsttag" genausogut oder besser passen?*
Antwort: *Das gäbe keinen Rhythmus.*
Prüfer: *Wie wäre es mit einem „Wintertag"? Da wäre der Rhythmus in Ordnung.*

Antwort:	*Sicher. Aber wer will schon mit einem Wintertag verglichen werden?*
Prüfer:	*Würden Sie sagen, Herr Pickwick erinnert Sie an Weihnachten?*
Antwort:	*Ein bißchen.*
Prüfer:	*Aber Weihnachten ist ein Wintertag, und ich glaube nicht, daß Herrn Pickwick dieser Vergleich stören würde.*
Antwort:	*Das meinen Sie wohl nicht im Ernst. Bei „Wintertag" denkt man an einen typischen Wintertag, nicht an Weihnachten.*

Abb. 6-1 Der Turing-Test

Wir wollen offen lassen, wieviel menschliche Partner Turings Test bestehen würden. Aber einmal abgesehen von der hier als nötiges Intelligenzmerkmal vorausgesetzten Vertrautheit mit Shakespeare-Sonetten zeigt Turings Beispieldialog sicher das, was er zeigen sollte:

- Verständnis natürlicher Sprache setzt ein *Weltbild* voraus, das viele Fakten in komplizierte logische *und* assoziative Zusammenhänge einbettet.
- Im Dialog nimmt ein Mensch an, daß sein Partner nicht nur ein vergleichbares *Weltbild* hat, sondern daß er auch seine Assoziationen weitgehend mit ihm synchronisiert und zum Beispiel innerhalb von ein, zwei Sätzen von einem formalen Kriterium wie dem Rhythmus eines Verses zu den möglichen Gefühlen einer fiktiven Romanfigur wechseln kann und will.

Dies sind offensichtlich auch für praxisorientierte Dialoge wichtige Kernprobleme des Sprachverstehens. Wir werden auf sie noch zurückkommen.

Läßt man sie beiseite, indem man nicht diese extremen Anforderungen an echtes „Verstehen" durch den Computer stellt, ist der Turing-Test nämlich seit langem bestanden. Und zwar durch relativ triviale Programme, die eine Konversation auf „Cocktailparty"-Ebene führen und – mittels Aufbaus einer künstlich in den Inhalten verarmten Gesprächssituation – durchhalten.

Eliza, Parry und Racter

Der Trick, diese Reduzierung der Inhalte auf rein oberflächliche Assoziationen plausibel zu begründen, fiel bereits Mitte der 60er Jahre dem Amerikaner *J. Weizenbaum* ein; man beschränke einfach die Dialogsituation auf die „nichtdirektive Gesprächsführung" eines Psychiaters mit seinem Patienten. Das ist die Idee des Programms *Eliza*. Daß es zumindest bis zu einem gewissen Grad den Turing-Test bestanden hat, darüber kann kein Zweifel bestehen. *Weizenbaum* berichtet, daß seine Sekretärin ihn einmal gebeten habe, den Raum zu verlassen, weil sie mit *Eliza* ein persönliches Problem besprechen wolle.

Auch hier ein Beispiel:
Mensch: *Männer sind alle gleich.*
Eliza: *Inwiefern?*
Mensch: *Sie drängen uns immer zu irgendetwas.*
Eliza: *Können Sie mir ein Beispiel sagen?*
Mensch: *Ja, mein Freund hat mich überredet, hierher zu kommen.*
Eliza: *Ihr Freund hat Sie überredet, hierher zu kommen?*
Mensch: *Er sagt, ich bin immer depressiv.*
Eliza: *Das tut mir leid, daß Sie immer depressiv sind.*
Mensch: *Das ist wahr. Ich bin unglücklich.*
Eliza: *Glauben Sie, ich kann Ihnen helfen, nicht mehr unglücklich zu sein?*
Mensch: *Ich brauche etwas Hilfe, das ist wenigstens sicher.*
Eliza: *Was würde es Ihnen bedeuten, wenn Sie etwas Hilfe bekämen?*
Mensch: *Vielleicht würde ich lernen, mit meiner Mutter besser auszukommen.*
Eliza: *Erzählen Sie mir mehr über Ihre Familie.*

.   .   .   .   .   .

Beim Durchlesen dieses Beispiels werden Sie sofort gemerkt haben, wie die Beschränkung auf die Rolle des „Psychiaters" dem Computer hilft, ohne jedes echte Verstehen der Aussagen des Menschen auf ihn „einzugehen". Das Programm verfolgt nur drei Strategien, die sich mit einer ganz oberflächlichen Analyse des Textes mühelos realisieren lassen:

- Wenn ein in der Regel emotionsbesetztes Wort in der Aussage des Partners, wie „Mutter", eine naheliegende Assoziation wie „Familie" zuläßt, wird entsprechend nachgefragt.
- Wenn sich eine Aussage des Partners leicht in eine Frageform umstellen oder in eine Phrase wie „Was würde es Ihnen bedeuten, wenn ..." einkleiden läßt, wird eine derartige Gesprächsführung gewählt.
- Wenn die beiden ersten Möglichkeiten nicht funktionieren, wählt Eliza aus einem Vorrat an Fragen wie „Inwiefern?" oder Aufforderungen wie „Können Sie mir ein Beispiel sagen?" irgendeine aus.

Wie Sie sehen, erreicht *Eliza* die Illusion eines Dialogs ohne jedes Verständnis der Sprechinhalte. Weder hat sie selbst ein Weltbild noch geht sie wirklich auf die Aussagen ihres Partners ein.

Etwas weiter geht das zweite, sehr bekannt gewordene Pseudo-Dialogprogramm *Parry*, das etwa 10 Jahre nach *Eliza* von *K. Colby* realisiert wurde. Auch er erreicht die wichtige „Narrenfreiheit" für sein Programm, indem er es in der Welt der psychischen Störungen ansiedelt. Während *Eliza* den Psychiater simuliert, spielt *Parry* den Paranoiker und besteht als solcher ebenfalls den Turing-Test, diesmal mit (menschlichen) Psychologen als Gesprächspartnern.

Da es gerade ein Symptom des paranoid gestörten Menschen ist, daß er in der Gesprächsführung stur auf seinen Vorstellungen beharrt und – ähnlich dem nichtdirektiven Psychiater, nur eben nicht freiwillig sondern zwanghaft – die Äusserungen seines Partners allenfalls assoziativ zur Bestätigung und Weiterführung seiner Ängste aufnimmt, konnte *Colby* es sich leisten, seinem *Parry* sogar Ansätze einer „Persönlichkeit", ein Weltbild, zu geben: *Parry* „leidet" an zwanghafter Wettleidenschaft und „glaubt sich von Buchmachern verfolgt", denen er Geld schuldet!

Das derzeit wohl anspruchsvollste „geisteskranke" Programm ist *Racter*. Es funktioniert, wie *Eliza*, rein assoziativ, wobei es aber sowohl einen viel reicheren Vorrat an grammatischen Konstruktionen beherrscht als auch wesentlich gezielter assoziiert. In seinem Wortschatz haben die einzelnen Einträge *Identifikatoren*, die ihre Zugehörigkeit zu bestimmten Themenbereichen kennzeichnen. Damit gelingt es *Racter* erstaunlich gut, einen sehr geschwätzigen Schizophrenen zu simulieren, der von seinen Lieblingsthemen – Musik, Essen, Politik – auf keine Weise abzubringen ist, und bei dem man sich nie ganz sicher ist, ob es sich bei seinen Aussagen nun um schlichten Unfug oder höhere Einsichten handelt:

Bill singt Sarah an, und Sarah singt Bill an. Vielleicht tun sie zusammen auch andere gefährliche Dinge. Sie essen vielleicht Lamm, oder sie streicheln sich. Sie können von ihren Schwierigkeiten singen und ihrem Glück. Sie haben Liebe, aber sie haben auch Schreibmaschinen. Das ist interessant.

Eine Wissensbasis, wie wir sie als Komponente eines Expertensystems forderten, ist jedoch das „gestörte Bewußtsein" von *Parry* genausowenig wie die Assoziativregeln, die *Eliza* und *Racter* steuern. Und da auch nicht zu sehen ist, wie eine entsprechende Weiterentwicklung aussehen könnte, ist *Parry* ebenso wie die anderen genannten Programme als Ausgangsbasis für ein Verständnis der Probleme uninteressant, die bei der Konstruktion natürlichsprachlicher *Frontends* von Expertensystemen auftreten.

Frontend und Backend

Wir haben das Wort *Frontend* hier mit Absicht deswegen eingeführt, damit Sie aus diesem Abschnitt außer – hoffentlich – einigem Amusement wenigstens einen wichtigen, häufig gebrauchten Begriff mitnehmen. Der Ausdruck wäre ins Deutsche wohl mit „Vorderteil" zu übersetzen, wird aber bis jetzt nur als englischer Fachausdruck gebraucht: als Frontend bezeichnen Systementwickler die Teile eines Programms, die sich um die zu verarbeitende Ein- und Ausgabe kümmern, in unserem Fall also um den Dialog mit dem Benutzer des Expertensystems. Ihre Aufgabe ist es, die Eingaben zu analysieren und in eine Form umzusetzen, die das „eigentliche" Verarbeitungsprogramm, also in unserem Fall die *Inferenzmaschine*, braucht, um ihre Arbeit zu tun. Und natürlich auf der Ausgabeseite die umgekehrte Umsetzung ihrer Ergebnisse in eine für den Menschen verständliche Ausgabeform, also etwa wieder in „natürliche" Sprache, oder auch in Graphiken, Listen oder Übersichten.

Analog zum *Frontend* spricht man übrigens auch vom *Backend*. Das sind diejenigen Programmteile, welche dem Verarbeitungsprogramm Informationen beschaffen, die es nicht im *Arbeitsspeicher* präsent hat, z.B. von einer *Datenbank* auf *Hintergrundspeichern* (hier ist der deutsche Ausdruck bereits eingeführt!).

Fakten und Regeln treten in drei verschiedenen „Inkarnationen" auf. Zum einen sind sie Sachverhalte der *Realität*, also der externen Welt. Über ein *Datenmodell* werden diejenigen Teile davon, welche für das Expertensystem relevant sind, in Strukturen übersetzt, die in seiner internen Datenbasis und auf Hintergrundspeichern als Daten verarbeitet werden können. Diese Übersetzung wurde als Teil des Systementwurfs vom Programmentwickler geleistet, dem Benutzer ist sie unbekannt und durch ihn in der Regel auch nicht beeinflußbar. Sie bestimmt aber das „Weltbild" des Systems.

Der Benutzer beschreibt die ihn interessierenden Teile der Realität in natürlicher Sprache und möchte gern diese Darstellungsform auch dem System gegenüber benutzen. Ihrer Übersetzung in die und aus den Datenstrukturen der internen Datenbasis dient das Frontend. Fehlt es (oder ist es nicht „natürlichsprachlich"), so muß der Benutzer sich in seinen Beschreibungsmitteln denjenigen des Datenmodells anpassen.

Uns interessiert hier also vor allem das „Sprachprozessor-Frontend" zur Bearbeitung natürlichsprachlicher Ein- und Ausgaben. Freilich werden wir sehr bald sehen, daß zu seiner Realisierung auch ein beträchtlicher Vorrat an Hintergrundinformationen nötig ist und geeignet organisiert werden muß, will man auch nur Ansätze von dem verwirklichen, was man außerhalb psychiatrischer Anstalten unter „intelligenter" Dialogführung versteht.

Auf diesem Weg zum Verständnis der Realisierungsprobleme eines Dialogs mit unserem Expertensystem legen wir aber besser noch einen Zwischenschritt ein. Das automatisierte Verstehen eines Texts in natürlicher Sprache ist nämlich schon schwierig genug – selbst wenn wir die spezifischen Probleme des von Turing verlangten „Gesprächs" zwischen Mensch und Maschine völlig beiseite lassen. Reden wir also erst einmal von einer viel „einfacheren" Aufgabe.

Die automatische Schreibmaschine

Eine Anwendung der Erkennung und Umsetzung menschlicher Sprache, die weder „Expertenwissen" noch Dialoge verlangt, ist die automatische Schreibmaschine, die eine Schreibkraft ersetzt, die also ein Diktat aufnimmt und den Text einigermaßen fehlerfrei auf Papier bringt.

Wir reden hier bewußt von der Schreibkraft und nicht der Sekretärin: das von dieser geforderte Wissen um Zusammenhänge und Gepflogenheiten des Schriftverkehrs, welches Teil des „Expertenwissens" einer guten Sekretärin ist („Frau Müller, schreiben Sie doch bitte den lästigen Typen – Sie wissen schon, die mit der Verlängerungsoption auf den Dingsbums-Vertrag – also, sie könnten mir im Mondschein begegnen"), wollen wir von dieser Schreibmaschine noch nicht einmal verlangen.

Weil damit ihre Konstruktion so viel einfacher wird, liest man denn auch seit langem in periodischen Abständen, in Japan (oder USA) seien die ersten Modelle praktisch marktreif und ihr Erscheinen in den Bürogeschäften demnächst zu erwarten.

Schauen wir uns also einmal an einem Beispiel an, welche technischen Einzelprobleme bei der Umsetzung gesprochener Sätze in einen geschriebenen Text geleistet werden müssen. Und um nicht doch – unabsichtlich – die Probleme technischer, wissenschaftlicher oder kommerzieller Spezialausdrücke und -texte mit ins Spiel zu bringen, wollen wir unterstellen, der Benutzer sei Schlagerdichter und gehöre damit zu den Verfertigern anerkannt besonders trivialer Prosa. Abbildung 6–2 zeigt von unten nach oben aufsteigend die Stufen der Informationserkennung, welche die automatische Schreibmaschine bewältigen muß.

Der über ein Mikrophon aufgenommene Satz wird mittels Filtern in ein *Spektrogramm* zerlegt, das die Frequenzen der gesprochenen Laute in Abhängigkeit von der Zeit wiedergibt. Nehmen wir an, daß dies problemlos gelingt und wir die Störungen durch Umgebungsgeräusche, Räuspern, Schritte beim Hin- und Hergehen während des Sprechens, Telefonklingeln ebenso unterdrücken können, wie es jede auf das Diktat konzentrierte Schreibkraft fast unbewußt tut. Dann beginnt das Problem damit, dieses zeitlich kontinuierliche Spektrum in einzelne Worte zu zerlegen.

Dabei ist es nicht damit getan, daß die Maschine alle üblicherweise verwendeten Worte der Sprache kennen muß und zwar in allen ihren grammatischen Formen, Ableitungen, Umlautungen, dialektischen Färbungen und was dergleichen mehr ist. Sie muß sie auch aus der fließenden Rede isolieren können. Das ist keineswegs einfach: mit der Satzmelodie ändert sich nämlich beträchtlich der Frequenzverlauf jedes Wortes, von Verschleifungen und Kürzungen („... ha'm wa nich' mehr ...") ganz abgesehen. Wie schwierig es ist, die Trennstellen zwischen Worten zu finden, ist übrigens nicht nur von der Präzision der Aussprache abhängig sondern auch von der verwendeten Sprache: im Japanischen ist es zum Beispiel wesentlich einfacher, weil diese Sprache keine Beugungsformen kennt und Japaner mit einem viel gleichmäßigeren Tonfall sprechen als Europäer.

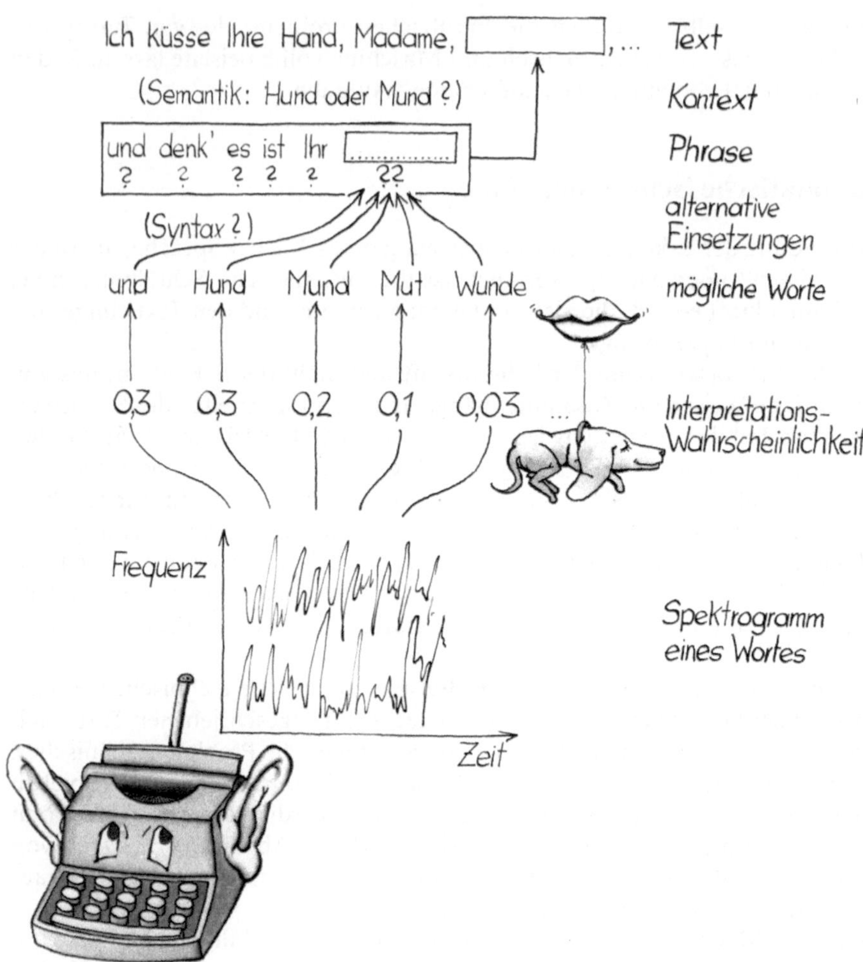

Abb. 6-2 Stufen der Erkennung natürlicher Sprache

Was man derzeit für europäische Sprachen beherrscht, ist eine Einzelworterkennung (das heißt unter der Voraussetzung eines Stakkato-Sprechens mit deutlichem Zwischenraum nach jedem Wort) bei einem Wortschatz von unter tausend Wörtern, oder eine Erkennung kontinuierlicher Sprache mit einem Vorrat von wenigen hundert Wörtern. Wobei in der Regel auch noch ein „Training" notwendig ist, bei welchem der Benutzer dem Rechner die zu verwendenden Worte jeweils einige Male vorspricht – können Sie sich vorstellen, daß Sie Ihrer neuen Schreibmaschine einige Abende lang den Duden vorlesen?

Aber lassen wir uns nicht von solchen frivolen Gedanken von den ernsten Problemen der Spracherkennung abbringen. Nehmen wir an, wir könnten Worte aus dem Spektrogramm isolieren und erkennen – das letztere wegen der genannten Schwierigkeiten allerdings immer nur mit einer gewissen Unsicherheit. Wie in der Abbildung 6-2 angedeutet, hat die spracherkennende Schreibmaschine deshalb in der Praxis sicher (ebenso wie die Schreibkraft) eine Auswahl aus mehreren ähnlichen Worten mit unterschiedlicher Interpretationswahrscheinlichkeit. Im Beispiel „glaubt" sie also am wahrscheinlichsten „und" oder „Hund" gehört zu haben, mit etwas geringerer Wahrscheinlichkeit aber auch „Mund" oder einige andere Möglichkeiten wie „Mut" oder (bei ziemlich unsauberer Aussprache unseres vielleicht etwas angeheiterten Textdichters) „Wunde".

Welches der Worte sie nun tatsächlich hinschreibt, dafür geben der *Kontext*, d.h. der bereits gehörte Teil der gesprochenen *Phrase*, zusammen mit den grammatischen Regeln der deutschen Sprache, die *Syntax*, eine wesentliche Hilfe. Wobei wir wieder eine Annahme machen: der Diktierende spricht grammatisch richtig ohne Stocken und Wiederansetzen („ ... Ihr Schreiben vom nein sagen wir Brief vom Sie haben ihn ja vorliegen Frau Müller sehen Sie dort nach Ihren Brief vom habe ich nein besser wir mit Befremden äh Verwunderung Moment das Telefon ...").

Wenn er grammatisch richtig spricht, fallen von den zur Auswahl stehenden Worten auf Grund der Syntax der Phrase meist einige aus, weil sie nicht passen. In unserem Beispiel von Abbildung 6–2 wären es „und" sowie „Wunde". Allerdings – wie durch die Fragezeichen unter den bereits gesprochenen Wörtern der Phrase angedeutet – sind auch sie erst mit einer gewissen Unsicherheit erkannt. Deswegen könnte natürlich das „ihr" ein etwas unsauber gesprochenes „ihre" gewesen sein, womit „Wunde" wieder syntaktisch korrekt wäre. Oder es sollte sogar „irr" heißen. Dann wäre sogar „und denk, es ist irr *und* ... (toll?) ..." syntaktisch zulässig (zumal in einem modernen Schlager).

Zwischen „Hund", „Mund" und (mit geringerer Wahrscheinlichkeit) „Mut" bietet jedoch die Syntax auch bei Korrektheit der bis jetzt bekannten Phrase keinerlei Entscheidungshilfen. Für die menschliche Schreibkraft gibt es hier freilich nicht die geringsten Zweifel, daß der „Mund" und nicht der „Hund" von Madame geküßt werden soll – vom „Mut", der überhaupt keinen Sinn macht, einmal völlig abgesehen. Sie schließt dies ganz automatisch aus dem Zusammenhang, dem *Kontext* des Textes, in welchen das Wort und die Phrase eingesetzt werden sollen.

Das Problem, daß natürliche Sprachen – im Gegensatz zu vielen künstlichen wie zum Beispiel den für die Programmierung von Computern geschaffenen – nicht *kontextfrei* analysiert werden können, ist das Hauptproblem bei ihrer automatischen Erkennung und Verarbeitung. Und es ist der wichtigste Grund, warum die Spracherzeugung durch den Computer soviel einfacher ist: ein Spracherzeugungsprogramm braucht sich um diese erst aus dem Kontext heraus auflösbaren Mehrdeutigkeiten (fast) nicht zu kümmern. Sein menschlicher Dialogpartner wird es schon verstehen ...

Kontext, Semantik und Sprachlogik

Auf die Mittel, mit denen Menschen (weit besser als zumindest derzeit noch Computerprogramme) „richtige" von „falschen" Textstücken über die unmittelbaren grammatischen Regeln hinaus unterscheiden können, möchten wir noch weiter eingehen. Sie sind dem Menschen, der nicht zufällig Linguist oder Informatiker ist, in der Regel nämlich nicht bewußt. Deshalb fällt es ihm auch schwer zu verstehen,

wann und wo ein Computer – oder natürlich richtiger der Realisierer eines Sprach-
verarbeitungsprogramms – hier Schwierigkeiten hat.

Der *Kontext*, den wir bereits erwähnten, das heißt also der Sprachzusammen-
hang, hilft auf zwei Weisen, Wort- und Satzfolgen eindeutig erkennbar zu machen.
Zum einen gibt es einen *syntaktischen Kontext*, also rein grammatische Fernzusam-
menhänge. Typisch sind hier Zahl und Geschlecht von Substantiven, Pronomen
und Verben. Rede ich zum Beispiel von einer Frau und einem Mädchen und sage
etwas später, daß „es ein rotes Kleid anhatte", so ist aus dem syntaktischen Kontext
heraus klar, daß ich mit „es" das Mädchen meinte.

Zu unterscheiden hiervon ist der *semantische* Zusammenhang, der einem bestimmten Wort oder einer Phrase oft erst die Bedeutung gibt. Besonders schön (aber
für den Programmentwickler unschön) zeigt sich dies bei der Übersetzung aus einer
Sprache in eine andere. Beachten Sie bitte, daß das englische Wort „meaning" in
den folgenden 6 Sätzen jeweils eine völlig unterschiedliche Bedeutung hat und deshalb im Deutschen auch jeweils anders wiedergegeben werden muß:

```
What is the meaning          Was ist die Bedeutung
of "sesquipedalian"?         von "sesquipedalian"?

I did not mean to            Ich wollte dich nicht
hurt you.                    verletzen.

He never says what he        Er sagt nie, was er
means.                       denkt.

Life without faith           Leben ohne Glauben hat
has no meaning.              keinen Sinn.

He means well, but           Er meint es gut, aber er
he is rather clumsy.         ist ziemlich ungeschickt.

Dark clouds mean             Dunkle Wolken künden
rain.                        Regen an.
```

Oder beachten Sie die unterschiedlichen Bedeutungen und damit zugleich Funktionen des Wörtchens „mit" in den folgenden vier Sätzen:

```
Ich esse Fisch mit Kartoffeln.

Ich esse Fisch mit meiner Freundin.

Ich esse Fisch mit der Gabel.

Ich esse Fisch mit Widerwillen.
```

In diesen Beispielen bezieht sich das *mit* syntaktisch auf verschiedene Teile des jeweiligen Satzes; im ersten auf den „Fisch", im zweiten auf „ich" und im dritten und
vierten auf „essen", freilich einmal instrumental und das andere Mal adverbial. Zu

erkennen sind die grammatischen Strukturunterschiede der Sätze nur durch semantisches Verständnis.

Aber nicht nur der unmittelbare Textzusammenhang bestimmt die Bedeutung eines Ausdrucks. Oft ist sie nur aus dem allgemeinen Umfeld zu erkennen, in dem ein Satz gesprochen oder geschrieben wird. Die etwas dümmlichen Aussagen

```
Stahl fest,
Gummi nachgebend,
Schweinebäuche schwach
```

bekommen im Wirtschaftsteil einer Tageszeitung plötzlich einen (anderen) Sinn und für viele Leser sogar Relevanz.

Die Semantik vor allem natürlicher Sprachen ist so schwierig, weil sie sich schwer in logische Regeln fassen läßt, ja sich teilweise sogar jeder Logik widersetzt (sie wurde halt an einem Samstag des Jahres 3761 v. Chr. ..., sie erinnern sich). Der Autor jenes Zitats macht dies besonders schön bereits an den kleinsten semantischen Konstruktionen klar, den zusammengesetzten Wörtern:

Das *Schneckenhaus* gehört nicht zwei Schnecken, sondern nur einer; die *Zahnbürste* dagegen putzt fast immer mehr als einen Zahn. Im *Kinderbett* liegt meist nur *ein* Kind; im *Kindbett* wiederum liegt die Mutter, aber auch im *Wochenbett*. Die *Atempause* ist eine Pause zum Atmen, die *Arbeitspause* eine Pause zum Nichtarbeiten – ist nun die *Denkpause* eine Pause zum Denken oder zum Nichtdenken?

Falls Sie jetzt eine solche machen – denken Sie dann besser nicht an *Sprachlogik*. Wahrscheinlich gibt es gar keine.

Literaturhinweise

Das vielleicht am besten lesbare Buch über natürliche (vorwiegend deutsche) Sprache, das wir kennen, ist

Wolf Schneider, **Wörter machen Leute**, Piper, München und Zürich (1976).

Es ist nicht „technisch" – und auch nicht sprachwissenschaftlich – geschrieben, bringt aber ein ausführliches linguistisches Begriffslexikon im Anhang und verweist nach jedem der durchwegs sehr anregenden Abschnitte auf die entsprechenden Stichworte in diesem Lexikon.

Die Beschreibung und Klassifizierung von Sprache(n) mittels formaler Syntax- und Semantikregeln beruht hauptsächlich auf den Arbeiten von *Chomsky*. Eine zusammenfassende Darstellung seiner Ideen hierüber finden Sie zum Beispiel in

Noam Chomsky, **Aspekte der Syntax-Theorie**, Suhrkamp, Frankfurt (1973).

Vor allem was die Semantik von Sprachen angeht, sind die *Chomsky*schen Modellvorstellungen allerdings umstritten. Eine Gegenrichtung vertraten vor allem *Sapir* und *Whorf*. Eine recht gute und leicht lesbare Einführung in die verschiedenen Semantikmodelle für natürliche Sprachen ist

Geoffrey Leech, **Semantics**, Penguin Books, Harmondsworth, Mddx. (1974).

Ein wenig Studium dieser widerstreitenden Theorien lohnt die Mühe – man versteht dann besser, wie schwankend noch die linguistische Basis ist, auf welcher die Realisierung spracherkennender Programme aufbauen muß.

Auf wesentlich sichererem Grund steht die formale Beschreibung von Programmiersprachen; dies wurde durch starke Einschränkung der Freiheitsgrade in ihrer Syntax gegenüber natürlichen Sprachen erreicht. Eine sehr gute, technische Einführung in die Methoden zur Analyse und Übersetzung von Programmiersprachen geben

A.V. Aho und *J.D. Ullmann*, **Principles of Compiler Design**, Addison Wesley, Reading, Mass. (1976),

allerdings sind die dort zu findenden theoretischen Grundlagen und praktischen Verfahren für natürliche Sprachen nur sehr beschränkt einsetzbar.

Zwei Beispieldialoge mit *Parry* bringt, zusammen mit Beschreibungen dieses Programms sowie von *Eliza*,

J.H. Siekmann, **Einführung in die künstliche Intelligenz** in dem bereits erwähnten Tagungsband *Künstliche Intelligenz*, Springer (1982), S. 1.

Racter ist beschrieben in

A.K. Dewdney, **Computer Recreations – Artificial Insanity: When a Schizophrenic Program Meets a Computerized Analyst**, Scientific American **252**, No. 1 (Jan. 1985), S. 10.

Dort wird auch gezeigt, daß und wo *Eliza* auf Grund ihrer einfachen Ersetzungsmechanismen selbst in der englischen Sprache störende Syntaxfehler macht, die sie in einem Turing-Test sofort entlarven würden. Im Deutschen sind diese grammatischen Schwierigkeiten noch größer. Daran mag es liegen, daß die Verfasser bis jetzt noch keine befriedigend funktionierende, deutsche *Elise* gesehen haben.

Ein empfehlenswerter technischer Aufsatz über die Erkennung kontinuierlich gesprochener Sätze mit Hilfe von *endlichen Automaten* ist

Steve Ross und *Jeff MacAllister*, **Practical and Continuous Speech Recognition**, Computer Design **23**, No. 7 (15. Juni 1984), S. 69

Der Trick besteht hier darin, die einzelnen in Abbildung 6-2 gezeigten Stufen in einen kontinuierlichen, *syntaxgesteuerten* Prozeß zusammenzufassen, der erst dann abbricht, wenn auf oberster Ebene eine „korrekte", d.h. den eingegebenen Syntaxregeln entsprechende Phrase vollständig erkannt ist. Die theoretischen Grenzen des Verfahrens liegen in der nur sehr eingeschränkten Erkennbarkeit natürlicher Sprache durch endliche Automaten und darin, daß nicht alle semantischen Inhalte mit syntaktischen Mitteln erfaßbar sind. Praktisch dürfte es sogar meistens schon viel früher an dem steigenden Aufwand zur Formulierung der Syntax und dem nötigen „Training" durch den Benutzer scheitern.

7 Dialog-Frontends und ihre Probleme

Dämonen an der Wandtafel

Trotz allen im vorigen Kapitel aufgeführten – und noch einigen weiteren –Schwierigkeiten: natürlichsprachliche Frontends werden gebaut. Es gibt bereits vorführbare Modelle für kleinere Aufgaben, die einen beschränkten Wortschatz und eine überschaubare, einfache Wissensbasis verlangen, wie etwa Reise- oder Hotelbuchung. Wir möchten Ihnen an einem der bekanntesten derartigen Systeme, *Hearsay*, einige Grundideen erläutern, die derzeit bei der Konstruktion spracherkennender Systeme eingesetzt werden. Sie beruhen auf psychologischen Modellen für das menschliche Sprachverständnis, wie sie etwa in dem bereits im ersten Kapitel zitierten Buch von *Lindsay* und *Norman* nachgelesen werden können.

Wenn Sie sich Abbildung 6–2 nochmals ansehen und sich an unsere Ausführungen zu den einzelnen dort gezeigten Ebenen des Verständnisses erinnern, wird es Ihnen plausibel sein, daß drei Tatsachen sicher wesentlich zur Schwierigkeit der Spracherkennung beitragen werden:

– Es gibt relativ viele Ebenen, auf denen verschiedene Beiträge zur Gesamtaufgabe der Analyse eines gesprochenen Textes erbracht werden müssen.
– Die Erkennungsaufgaben und das dazu benötigte Wissen sind auf jeder Ebene unterschiedlich.
– Trotzdem sind die Teilaufgaben auf den einzelnen Ebenen nicht entkoppelt, sondern verlangen intensive Kommunikation und Ergebnisabgleiche. Nicht nur muß eine „untere" Ebene ihre Resultate nach oben melden, sondern es haben umgekehrt wieder „höhere" Gesichtspunkte, wie Kontexte und bekannte oder vermutete semantische Zusammenhänge, Einfluß auf die Ergebnisse unterer Ebenen, etwa auf die relative Wahrscheinlichkeit verschiedener Deutungen eines unklar gesprochenen Worts.

Dazu kommt die praktische Realisierungsschwierigkeit, daß die meisten der nötigen Analyse- und Erkennungsverfahren nicht exakt bekannt und teilweise *ad hoc* sind. Man würde also gern für jedes der vielen Teilprobleme mit verschiedenen Lösungsansätzen experimentieren und neue Ideen oder spezielle Verfahren schnell in das Gesamtsystem einsetzen können, ohne ein völliges Neudesign zu verlangen: die Erfahrung zeigt, daß ohne eine derartige *Modularisierung* komplexe Softwaresysteme kaum zu beherrschen und fast nicht weiterzuentwickeln sind.

Die Modularisierungsidee von *Hearsay* ist, auf jeder Ebene einen oder mehrere selbständige *Prozesse* ablaufen zu lassen, von denen jeder ein kleines „Expertensystem" für sich selbst ist, eine *Wissensquelle (knowledge source)*, die ihm erlaubt, eine bestimmte Analyseaufgabe durchzuführen. Diese Prozesse werden durch *Ereignisse* aktiviert. Etwa, daß eine bestimmte Folge von *Phonemen* (so nennen Linguisten die unterschiedlichen Laute der gesprochenen Sprache) empfangen wurde und nun mögliche Silben und Worte gebildet werden müssen. Oder daß eine Auswahl möglicher Worte mit relativen Wahrscheinlichkeiten bereitgestellt ist und jetzt in die Phrase eingefügt werden muß. Oder daß ein bestimmter Kontext und eine semantische Interpretation gesucht werden müssen, um eine Hypothese bezüglich des tatsächlich gesprochenen Satzes zu bestätigen oder zu widerlegen.

Ein derartiger Prozeß, der in einem Computer nicht unmittelbar im Auftrag eines Benutzers abläuft (wie etwa die Bearbeitung seiner Anfrage selbst), sondern ereignisgesteuert irgendwelche Verwaltungs- oder Hilfsfunktionen abwickelt, wird oft als *Dämon* bezeichnet: niemand bemerkt ihn, und nur die Ergebnisse seines Auftretens tauchen (vielleicht) irgendwo auf.

Der Ablageort für diese Ergebnisse ist in *Hearsay* eine allgemein zugängliche Wissensbasis, die *Wandtafel (blackboard)* genannt wird. Jeder Dämon, der aufge-

Abb. 7–1 Dämonen an der Wandtafel

weckt wurde, um seine spezifische Untersuchung durchzuführen, dokumentiert das Ergebnis seines Wirkens als *Hypothese* auf dieser Wandtafel wie Abbildung 7-1 zeigt. In der Regel sind dies Neueinträge: der für die Worterkennung zuständige Dämon hätte in unserem Beispiel also etwa die Worte „und", „Hund", „Mund", „Mut", „Wunde" mit den von ihm geschätzten Wahrscheinlichkeiten auf die Wandtafel geschrieben. Dies hätte er überdies an einer bestimmten Stelle der Tafel getan, welche der zeitlichen Ordnung des Auftretens dieses „Worterkennungs"-Ereignisses entspricht; früher erkannte oder vermutete Ereignisse stehen dann auch früher auf der Tafel.

Die Hypothese eines Dämons kann aber auch die Veränderung oder Löschung eines Tafeleintrags sein. So würde etwa der „syntaktische" Dämon, der für die Phrasenanalyse zuständig ist, die Worte „und" sowie „Wunde" wieder löschen oder zumindest ihre Wahrscheinlichkeit stark herabsetzen, wenn er nicht sicher ist, ob seine Phrasenanalyse bis jetzt korrekt ist.

Jede neue Hypothese, die auf der Tafel erscheint, ist nun selbst ein Ereignis, und zwar für einen „Oberdämon", den *Scheduler*, dessen Aufgabe es ist, den Einsatz der Unterdämonen zu steuern. Das Wissen dieses Schedulers besteht darin, daß er weiß, welcher seiner Dämonen welche Art von Hypothesen sinnvoll weiterverarbeiten kann. Dementsprechend weckt er den oder die Zuständigen auf. Dieses Spiel geht so lange, bis er auf der Tafel eine Hypothese für den gesamten Satz oder eine größere Texteinheit vorfindet, für die der zuständige Dämon eine hinreichend große Wahrscheinlichkeit für ihre Richtigkeit garantieren zu können glaubt.

Kommunikationsobjekte

Das Elegante an diesem Realisierungskonzept ist, daß es sich mit sehr geringem Änderungsaufwand erweitern oder (etwa an andere Sprachen) anpassen läßt. Für einen neuen Erkennungsmechanismus müssen nur die entsprechenden Dämonen unter Beachtung der allgemeinen Wandtafel-Kommunikationskonventionen neu geschrieben und dem Scheduler bekannt gemacht werden. Eine Konstruktionsänderung des Systems ist dafür nicht erforderlich.

Tatsächlich wurde (ähnlich wie die Verallgemeinerung von *Mycin*) auf der Basis von *Hearsay*, das ausschließlich für Spracherkennung gedacht war, eine allgemeine Grundsoftware *Hearsay III* für Expertensysteme entwickelt. Sie beruht auf dem gleichen Dämon-Wandtafel-Konzept, wobei allerdings zwei Wandtafeln eingeführt wurden. Auf diese Weise sollen die beiden Funktionen der Hypothesendokumentation als Ausgabe und der Ereignisfortschreibung als Eingabe für die Dämon-Prozesse sauber getrennt werden. Für die Anordnung der Hypothesen ist dabei auch nicht mehr die zeitliche Reihenfolge zwingend vorgeschrieben, die zwar bei der Sprachanalyse sinnvoll, bei vielen anderen Problemlösungen jedoch nicht nützlich ist.

Damit wird die Idee des *Blackboard* als Organisationsprinzip für den schnell veränderlichen Teil der Wissensbasis aus dem engen Bereich der Spracherkennung herausgehoben und zu einer generellen Architekturvariante für Expertensysteme. Ihr besonderer Vorteil vor anderen Konzeptionen ist, daß hier grundsätzlich beliebig viele Prozesse *Kommunikationsobjekte* erschaffen und fortschreiben können, und daß die Lebensdauer dieser Objekte viel länger sein kann als die der Prozesse (der Dämonen) selbst. Andere Systemarchitekturen ordnen in der Regel (Daten-)Objekte den einzelnen Prozessen zu mit dem Ergebnis, daß jene mit der Beendigung ihres Eigentümer-Prozesses auch selbst verschwinden, es sei denn, dieser übermittelt sie vorher explizit einem anderen Prozeß oder schreibt sie in die langfristige Wissensbasis. Beides hat aber oft Nachteile:

- Um ein Datenobjekt einem anderen Prozeß zu übergeben, muß der Eigentümer diesen (oder zumindest einen Kommunikationskanal zu ihm) kennen. Dies stört aber die freie Modularisierbarkeit, die darauf beruht, daß „Dämonen" beliebig und mit geringem Aufwand in das System eingebracht, geändert oder auch wieder entfernt werden können.
- Wird ein Objekt, nur um es über den „Tod" seines Eigentümers hinüberzuretten, in die langfristige Wissensbasis geschrieben, wird diese in ihrer Funktion verfälscht. Sie sollte möglichst nur gesichertes und längerfristig gültiges Wissen enthalten. Datenobjekte, die den Charakter von Zwischenresultaten oder gar Hypothesen haben und erst von anderen Dämonen (vielleicht) fertig recherchiert oder formuliert werden müssen, stören dort sehr.

Deshalb sollte man die Dämonen-Wandtafel-Implementierungstechnik von *Hearsay* immer dann für Expertensysteme in Erwägung ziehen, wenn andere Systemarchitekturen in den Modularisierungs-, Entwicklungs- oder Experimentiermöglichkeiten nicht ausreichend zu sein scheinen.

Nun aber zurück zum eigentlichen Thema dieses Kapitels, der natürlichsprachlichen Benutzerschnittstelle, und zu ihrem schon mehrmals angesprochenen Hauptproblem.

Dialogabwicklung zwischen Mensch und Computer

Wenn Sie sich an unsere bisherigen Beispiele für maschinelle Spracherkennung erinnern, haben wir ein Modell für Sprechhandlungen diskutiert, dessen Analyse und Verständnis durch einen Computer zwar schon schwierig genug ist, das aber leider für den Dialog, den ein Benutzer mit einem Expertensystem führen will, noch nicht einmal zutrifft. Es handelte sich dabei nämlich gar nicht um einen Dialog, sondern um einen Monolog, dem der Computer (passiv) folgen und den er „verstehen", d.h. als Handlungsanweisungen für sich interpretieren mußte. Er sollte also etwa als „automatisierte Schreibkraft" ein Diktat aufnehmen und es in einen korrekten und formrichtig geschriebenen Brief umsetzen.

Das hat natürlich nichts mit dem Dialog zu tun, wie wir ihn mit einem (menschlichen oder elektronischen) Experten führen wollen. Ein *Dialog* unterscheidet sich nämlich vom *Monolog* in vielen wesentlichen Charakteristiken.

- Die *Initiative wechselt,* mal führt der eine und mal der andere Dialogpartner. Eine Sitzung mit *Mycin* beginnt zum Beispiel mit der Aufforderung des Arztes an das System, eine Diagnose zu stellen. Dann übernimmt *Mycin* die Kontrolle der Dialogführung, indem es Fakten abfragt. Zwischendurch kann und soll jedoch immer wieder der Arzt aktiv werden und mit „warum"-Fragen seinerseits das System kontrollieren - zum Beispiel, weil ein von *Mycin* verlangtes Testergebnis teuer oder nur mit einem gewissen Risiko beschaffbar ist.

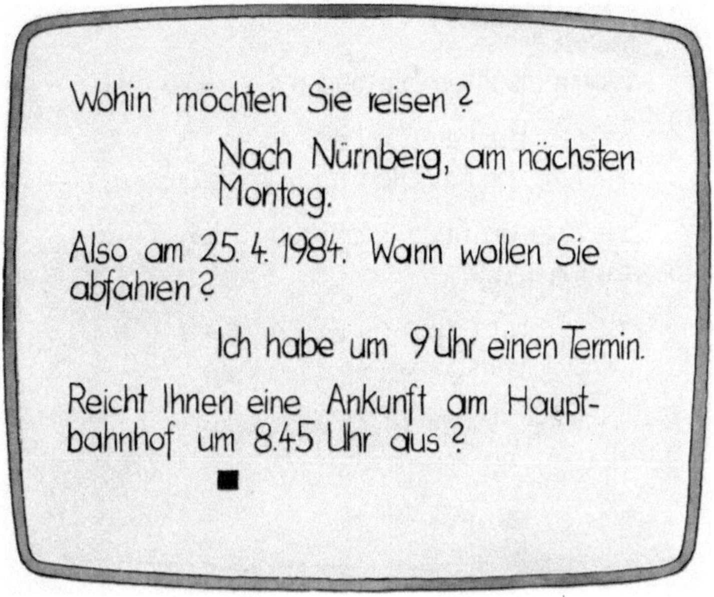

Abb. 7-2 Indirekte Antworten

- In Dialogen finden sich häufig sogenannte *anaphorische Referenzen* auf vorher Gesagtes oder *unvollständige Sätze*. Beides verlangt eine Kontextanalyse, oft weit über den einzelnen Satz oder auch den einzelnen Dialogabschnitt hinaus. Abbildung 7-3 zeigt ein Beispiel: das System muß „verstehen", daß der Benutzer mit „welche" vermutlich Flüge meint, und nicht etwa Züge oder Autobusse.
- *Indirekte Antworten* sind solche, die nicht die eigentlich gestellte Frage beantworten, sondern eine andere, die aber trotzdem vom (menschlichen) Partner so „automatisch" richtig verstanden werden, daß sie erst dann auffallen, wenn Computer-Dialogprogramme dies nicht mehr tun. Das von *G. Fischer* stammende Beispiel von Abbildung 7-2 zeigt einen Dialogausschnitt mit einem fiktiven Reisebuchungssystem. Der vom Benutzer auf die Frage nach der gewünschten Abfahrtszeit genannte Zeitpunkt ist keineswegs eine direkte Antwort, sondern etwas ganz anderes. Er ist ein Termin, den der Reisende am Zielort hat, und damit noch nicht einmal die Ankunftszeit: er braucht ja sicher noch einigen zeitlichen Spielraum, um vom Bahnhof zu seinem Besprechungsort zu gelangen. Es erfordert vom System beträchtliche „künstliche Intelligenz", dies zu verstehen und eine vernünftige Anschlußfrage zu stellen, die für einen menschlichen Reisebüro-Expedienten ganz selbstverständlich wäre.
- Vor allem Fragen, aber auch Anweisungen in einem Dialog enthalten oft *implizite Annahmen* eines der Dialogpartner, die falsch sein können. Dann ist im Prinzip die Frage (logisch) falsch (das Spezialgebiet der *erotetischen Logik* beschäftigt sich mit dem Problem, unter welchen Umständen und in welcher Weise man Fragen, und nicht nur Aussagen, als *wahr* oder *falsch* klassifizieren kann). Derartige falsche Fragen oder Anweisungen führen gleich zu zwei Problemen, die ein intel-

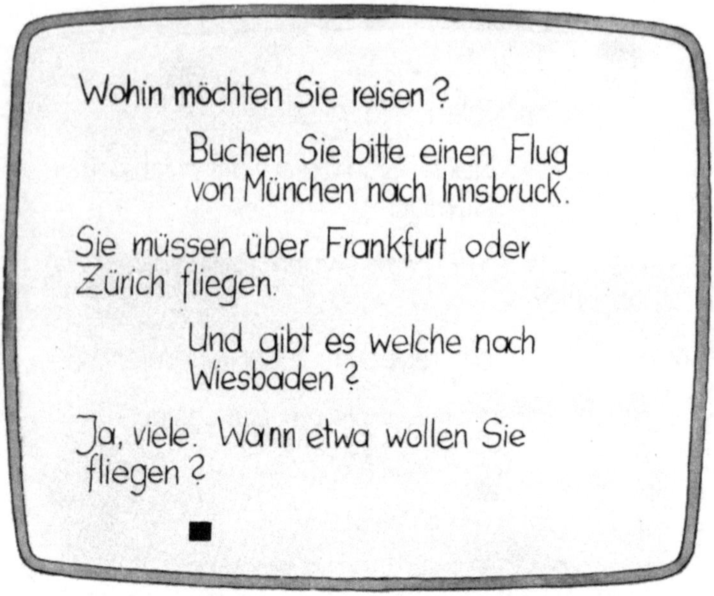

Abb. 7–3 Implizite Annahmen

ligentes Dialogsystem meistern müßte. Es sollte erstens eine falsche, implizite Annahme erkennen. Und zweitens sollte es feststellen können, ob diese falsche Annahme überhaupt relevant ist – das ist nämlich keineswegs immer der Fall. Abbildung 7–3 zeigt einen weiteren Dialogausschnitt unseres fiktiven Reisebuchungssystems. Hier interessiert uns weniger die ziemlich komplizierte anaphorische Referenz „welche" (nämlich „Flüge von München") im zweiten Dialogabschnitt, sondern die Tatsache, daß jede der Benutzereingaben eine implizite Annahme enthält, das System aber auf beide völlig unterschiedlich reagieren muß. Bei der ersten nimmt der Benutzer offenbar an, daß es direkte Flüge von München nach Innsbruck gäbe. Wie der menschliche Reisebüro-Mitarbeiter sollte auch das System diese Annahme „heraushören" und dem Kunden mitteilen, daß er einen wesentlichen Umweg buchen muß. In seiner zweiten Frage vermutet der Benutzer anscheinend (fälschlich), daß Wiesbaden einen Flughafen hat. Das ist zwar nicht der Fall, da der Frankfurter Flughafen von Wiesbaden aber nur unwesentlich weiter entfernt ist als von Frankfurt, und weil Wiesbaden von ihm aus sogar mit der S-Bahn erreichbar ist, kann das System diese falsche Annahme ignorieren – dies aber nur aus seinem „Expertenwissen" über Geographie und Verkehrsverbindungen heraus!
Dies sind nur einige zusätzliche Probleme, die der Dialog gegenüber dem Monolog bei einer natürlichsprachlichen Benutzerschnittstelle bringt. Bei einer formalsprachlichen treten sie deshalb in weit geringerem Maße auf, weil sie – etwa über Dialogmasken – teils umgangen und teils evident gemacht werden können. So kann man meist anaphorische Referenzen ohne Bequemlichkeitsverlust dadurch vermeiden, daß man dem Benutzer in seiner Formularmaske bereits Felder vorbesetzt (etwa den Abflughafen „München"), die er nur dann ändern muß, wenn er ihn wech-

seln möchte – also genau dann, wenn er auch im natürlichsprachlichen Dialog einen anderen Startort explizit verlangen würde.

Falsche implizite Annahmen lassen sich leicht über *Menus* ausschließen: so kann man dem Benutzer zum Beispiel sämtliche von München aus direkt erreichbare Flughäfen auflisten, so daß er etwa durch Zeigen seine Auswahl treffen kann. Wenn der Benutzer dann nicht selbst weiß, daß Frankfurt der geeignete Flughafen für Wiesbaden ist, kann man immer noch einen entsprechenden Auskunftsdienst bereitstellen, der bei Eingabe eines beliebigen Zielorts die nächsten Flughäfen zur Auswahl stellt, gegebenenfalls sogar mit Angaben über die Zubringerdienste.

Erwartungshaltung und Vorstellungsräume

Es ist also keineswegs sicher, ob der Dialog in natürlicher Sprache wirklich den formalisierten Benutzerschnittstellen, die wir heute verwenden (ergänzt vielleicht um gute graphische Aufbereitungen, wo dies angebracht ist), vorzuziehen ist. Die Problemliste im vorigen Abschnitt war nämlich nur eine Auswahl der Schwierigkeiten, welche bei einer Realisierung natürlichsprachlicher Frontends überwunden werden müssen. Denn sicherlich ist „halbnatürlich" schlechter als „ordentlich formalisiert": nichts ist frustrierender als ein System, das angeblich mit „normalem Deutsch" benutzt werden kann, in der Praxis aber einen nennenswerten Teil der Eingaben nicht oder falsch versteht. Wenn der Rechner schon „anthropomorphisiert" werden soll, dann wenigstens richtig – er sollte dann auch den Turing-Test bestehen können, mit dem wir in voller Absicht dieses Kapitel einleiteten.

Und dazu gehört leider auch ein Eingehen auf die Psychologie und die Vorstellungen des Gesprächspartners. Ein Mensch tut dies nämlich in der Regel auch; und tut er es nicht, kommt es zu ernsten Frustrationen und Kommunikationsstörungen bei den Partnern, wenn nicht sogar zu Schlimmerem. Zwei Punkte zumindest sind hier so wichtig, daß sie erwähnt werden müssen.

Das eine ist die *Erwartungshaltung*, die ein Dialogpartner mit einer Äußerung verbindet. Sie kann zu noch viel weitergehenden Abweichungen zwischen Gesagtem und Gemeintem führen als die bereits oben erwähnten indirekten Antworten. Ein einfaches Beispiel soll hier genügen. Auf die Frage „Wissen Sie, wieviel Uhr es ist?" ist „nein" eine korrekte Antwort, „ja" aber nicht! Für einen Menschen ist dies so selbstverständlich, daß ihm diese merkwürdige Unsymmetrie gar nicht mehr auffällt. Er weiß, daß die Frage etwas völlig anderes meint: sie ist in Wirklichkeit eine Aufforderung, dem Fragesteller die Uhrzeit mitzuteilen. Da die Antwort „nein" aussagt, daß der Partner dies leider nicht kann, ist sie akzeptabel; dagegen ist „ja" eine Unhöflichkeit, da sie einen durchaus erfüllbaren Auskunftswunsch brüsk ignoriert.

Dies leitet bereits über zum zweiten hier wichtigen Begriff, dem *Vorstellungsraum (belief space)* der Diskussionspartner. Wir gingen bis jetzt von der Fiktion aus, daß das Datenmodell, d.h. die als zutreffend angenommenen Fakten und Regeln, grundsätzlich ein möglichst genaues Abbild der Realität sein sollten. Das ist sicher für ein Expertensystem in der Regel richtig: in den allermeisten Fällen ist es ja gerade der Grund, einen Experten zu Rate zu ziehen, daß man möglichst exakte Angaben über reale Sachverhalte wünscht.

Es ist aber nicht mehr unbedingt zutreffend für den Dialog mit einem Menschen. Hier ist es viel wichtiger, welche Vorstellungen dieser von der Realität hat. Ob sie objektiv „wahr" oder „falsch" (oder auch „unentscheidbar"!) sind, ist erst in zweiter Linie interessant – zum Beispiel, wenn man ihn missionieren will, was aber ein Expertensystem sicher nicht versuchen sollte.

Die Psychologen nennen diese Vorstellungen eines Menschen seine *Überzeugungen* und die Gesamtheit dieser Überzeugungen die (jeweilige) *Wirklichkeit*. Bei ei-

Abb. 7-4 Dolores in fernöstlichen und europäischen Vorstellungsräumen

nem Geisteskranken klaffen Realität und Wirklichkeit (vermutlich) sehr stark auseinander. Geistig normale Menschen bemühen sich dagegen, daß ihre *Wirklichkeit* mit der *Realität* möglichst gut übereinstimmt. Ganz kann dies jedoch nie gelingen. Zum einen sind jedem Menschen wesentliche Fakten der Realität unbekannt (dies ist ja gerade ein Grund für den Wunsch nach Expertensystemen). Und zum zweiten lassen kulturelles Herkommen, verschiedene Vor-Erfahrungen, religiöse oder sittliche Überzeugungen sowie viele andere Ursachen die gleiche Realität verschiedenen Menschen unterschiedlich erscheinen.

Diese, bei jedem Menschen verschiedene „Abbildung" *seiner* Wirklichkeit auf die (allgemeingültige) Realität ist mit dem *Vorstellungsraum* gemeint. Um eine befriedigende Kommunikation mit einem Dialogpartner aufrechtzuerhalten, muß ich mich bemühen, seinen *Vorstellungsraum* und insbesondere dessen Unterschiede gegenüber meinem eigenen zu erkennen und in der Dialogführung zu berücksichtigen. Andernfalls ist Verständnis reine „Glückssache".

Arbeiten, die zum Ziel haben, in einem Dialogsystem dementsprechend neben dem systemeigenen *Vorstellungsraum* (seiner Datenbasis) auch noch den seines Dialogpartners aufzubauen und zu verwalten, sind uns jedoch bis jetzt noch nicht einmal als Laborexperimente bekannt geworden. Deshalb können wir als Beispiel (für die Folgen unterschiedlicher Vorstellungsräume) nur eine mißglückte Kommunikation zwischen Menschen anführen. Wir zitieren:

„Ein Ehepaar aus Enfield, Middlesex, wurde für zwei Jahre nach Singapur versetzt. Wegen der langen Abwesenheit nahmen sie ihren Pudel Dolores mit. Kurz nach ihrer Ankunft gingen sie zum Mittagessen in ein Lokal, Dolores nahmen sie mit. Weil sie kein chinesisch konnten, mußten sie in Zeichensprache andeuten, daß der Hund auch etwas zu essen bekommen sollte. Offenbar verstand der Kellner und führte Dolores in die Küche. Während es auf den Hund wartete, widmete sich das Ehepaar dem ersten Gang. Dolores aber erschien erst etwa eine halbe Stunde später wieder – zubereitet als Hauptgericht."

Die Kommunikationsstörung ist hier die typische Folge unterschiedlicher *Vorstellungsräume*: wie Abbildung 7-4 skizziert, ist für einen chinesichen Koch ein Hund eben „in Wirklichkeit" ein Lebensmittel.

Literaturhinweise

Eine gute Einführung in die psychologische Theorie der Spracherkennung durch Menschen – vor allem auch das „Dämon-Schultafel-Modell" – findet sich in dem bereits in den Literaturhinweisen zum ersten Kapitel genannten Buch von *Lindsay* und *Norman*; eine ebensogute Erklärung der Ansätze zur Realisierung auf Computern in dem in Kapitel fünf zitierten Buch von *Elaine Rich*.

Eine tutorialartige Beschreibung des *Hearsay*-Systems finden Sie in

L.D. Ermann, F. Hayes-Roth, V.R. Lesser und *D.R. Reddy*, **The Hearsay-II Speech Understanding System: Integrating Knowledge to Resolve Uncertainty**, Computing Surveys **12**, No. 2 (Juni 1980).

Eine Darstellung der *erotetischen Logik*, also der Logik von Fragen und Antworten, finden Sie in

Nuel D. Belnap, jr. und *Thomas B. Steel, jr.*, **Logik von Frage und Antwort**, Vieweg (1985).

Das Buch setzt zwar Grundkenntnisse der formalen Logik voraus, ist aber wegen seiner vielen Beispiele und klaren Sprache besser lesbar als die meisten Logik-Bücher.

Der Unterschied zwischen Realität und Wirklichkeit wird – neben vielen anderen wichtigen Aspekten der Kommunikation und ihren möglichen Störungen – besprochen in

Rupert Lay, **Krisen und Konflikte**, Band 1 und 2, Langen-Müller/Herbig, München (1980) und *Rupert Lay*, **Ethik für Wirtschaft und Politik**, ebendort (1983).

Diese neue Sichtweise des Problems, „woher wir wissen, was wir zu wissen glauben" – seit Jahrtausenden eine der fundamentalen Fragen der Erkenntnis- und Wissenschaftstheorie – wird auch als *Konstruktivismus* bezeichnet. Ein empfehlenswerter, gut lesbarer Sammelband von einführenden Aufsätzen hierüber ist

Paul Watzlawick (Hrsg.), **Die erfundene Wirklichkeit**, Piper, München und Zürich (1984).

Und das Erlebnis des Enfielder Ehepaars mit fernöstlichen Vorstellungsräumen stammt schließlich aus

Gyles Brandreth, **Book of Mistaikes**, Futura Macdonald & Co, London & Sydney (1982).

8 Problemkomplexität und Antwortzeit

Theorie und Praxis der „Berechenbarkeit"

In den ersten Kapiteln dieses Buchs wurde fast ausschließlich von einem bestimmten Typ des Expertensystems gesprochen: dem *Produktionssystem*, das auf formallogischer Basis aus *Fakten* und *Regeln* nach einer festgelegten *Strategie* neue Fakten produziert und auf diese Weise eine oder alle Antworten auf eine Frage sucht. Das vorige Kapitel über die Erkennung natürlicher Sprache und die unterschiedlichen Ansätze zur Lösung dieser schwierigen Aufgabe hatte unter anderem auch den Sinn, einen Eindruck zu beseitigen, den diese starke Betonung des Produktionssystems vorher bei Ihnen vielleicht hinterlassen hat: nämlich, daß dieses Verfahren universell für jedes Problem anwendbar sei.

Theoretisch ist das sogar der Fall. Schon 1943 zeigte *E.L. Post*, daß jede berechenbare Funktion von einem Produktionssystem berechnet werden kann. Produktionssysteme sind also ebenso mächtig wie die *Turing-Maschine*. Das ist ein extrem einfacher, hypothetischer Computer. Mit ihm entschied der gleiche englische Mathematiker, von dem auch die Idee mit dem *Turing-Test* stammt, die Frage, ob man für verschiedene Problemklassen grundsätzlich auch völlig verschiedene Arten von Rechenmaschinen und Programmiersystemen braucht. Die Antwort heißt nein: wenn man eine Problemlösung überhaupt „berechnen" kann, dann kann man das auch mit einer Turing-Maschine. Und weil man mit allen heutigen Computern und den meisten für sie verfügbaren Programmiersprachen eine Turing-Maschine simulieren kann, kann man im Prinzip mit jedem Computer und nahezu jeder Programmiersprache (und unter anderem mit einem Produktionssystem) jedes Problem lösen, das man überhaupt mit Computern lösen kann.

Aber eben nur im Prinzip. Weil die Turing-Maschine so extrem primitiv ist, läßt sie sich nur sehr mühsam programmieren. Und eine Berechnung mit ihr dauert unter Umständen (fast) unendlich lange.

Daher sind diese theoretischen Ergebnisse auch mehr von theoretischem Interesse. Das gilt vor allem für komplexere Probleme, bei denen die Rechenzeit „explodiert", wenn man zu ihrer Lösung den recht primitven Suchalgorithmus eines Produktionssystems einsetzt.

Um nochmals das schon mehrmals genannte Buch von *E. Rich* zu zitieren:

„Es macht viel mehr Spaß, ein Programm etwas Intelligentes tun zu sehen, als zu beweisen, daß es dies tun könnte."

In diesem Kapitel wollen wir deshalb an Hand eines Beispiels darstellen, wie eine einfache Problemlösung in der Praxis an zu hohem Rechenzeitaufwand scheitern kann, und wie man Probleme und Lösungsmethoden nach ihrer *Komplexität* klassifiziert.

Das soll Ihnen vor allem ein Gefühl dafür vermitteln, warum Computer in der Regel sekundenschnell antworten, plötzlich dann aber die Wartezeiten auf Minuten und Stunden emporschnellen, nur weil das zu bearbeitende Problem „ein bißchen" größer geworden ist. Und natürlich auch dafür, was man tun kann, wenn einem genau das passiert. „Einen größeren Rechner kaufen" ist nämlich oft keine sinnvolle Lösung, weil die bereits erwähnten „Explosionen" der Rechenzeit dafür sorgen, daß auch dieser größere fast sofort wieder zu klein wird.

Die kombinatorische Explosion

Es gibt eine Reihe von „klassischen" Problemen, die immer wieder in der Mathematik oder Datenverarbeitungs-Literatur auftauchen, weil sie knapp darzustellen und im Prinzip einfach zu verstehen sind. Manche von ihnen sind nur von theoretischem Interesse, wie etwa die berühmten *Türme von Hanoi.* Das ist ein ziemlich geistloses Geduldsspiel. Seine Existenz wird notdürftig durch die Fabel plausibel gemacht, einige Mönche in Hanoi würden es spielen, und die Welt ginge unter, sobald sie damit fertig sind. Tatsächlich freut aber die Informatiker an diesem Spiel nur, daß man seine Lösung sehr elegant programmieren kann, wenn man weiß, wie es geht.

Ein anderes dieser klassischen Probleme ist dagegen weit praxisnäher: das *Problem des Handlungsreisenden.* Es ist Vorbild für viele Optimierungsaufgaben, wie sie vor allem im *Operations Research* immer wieder vorkommen. Die meisten Aufgabenstellungen in diesem Bereich, handle es sich nun um Warentransport, Maschinenbelegungen oder andere, ähnliche Planungen, können nach seinem Muster analysiert und programmiert werden – womit allerdings auch leider die „Explosion der Rechenzeit", die wir Ihnen daran vorführen wollen, ein ziemlich allgemeines Problem für diese Klasse von Softwarelösungen ist.

Das Problem des Handlungsreisenden besteht darin, daß er eine Rundreise zwischen einer Reihe von Städten machen soll, wobei er am Ende wieder am Abfahrtsort ankommt. Dabei will er den Aufwand (gefahrene Kilometer, gesamte Reisezeit, Eisenbahn- oder Flugkosten, je nach dem jeweiligen Optimierungswunsch) minimieren. Wir wollen hier als einfachstes Kriterium die Autokilometer zwischen den Städten wählen, um nicht komplizierte Randbedingungen wie Fahrpläne oder die Tarifierung von Rundreisen berücksichtigen zu müssen.

Die Entfernungstabelle in Abbildung 8-1 zeigt als Beispiel die zu besuchenden Städte und die Kilometer zwischen ihnen. Grundsätzlich (und bei wenigen Städten, wie in diesem Beispiel, auch tatsächlich) ist die exakte Lösung dieser Optimierungsaufgabe mit einem trivialen Suchalgorithmus zu erledigen: man rechne sich einfach für jede mögliche Route die Gesamtstrecke aus und wähle dann die kürzeste.

Leider zeigt es sich, daß der benötigte Rechenaufwand mit der Zahl N der zu besuchenden Städte sprunghaft ansteigt. Erhöht man zum Beispiel N von 5 auf 10, so verlängert sich die Rechenzeit etwa auf das dreißigtausendfache! Dies ist die berüchtigte *kombinatorische Explosion.* Sie heißt so, weil sie auftritt, wenn der Suchprozeß jede mögliche *Kombination* der für das Problem relevanten Objekte – hier

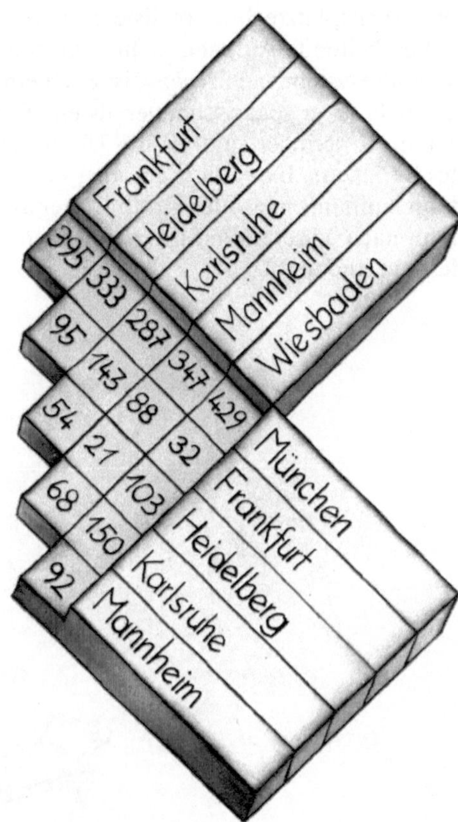

Abb. 8-1 Entfernungstabelle des reisenden Verkäufers

also der zu besuchenden Städte – einzeln durchprobieren muß. Dann steigt der Aufwand proportional zur *Fakultät N!*.

Vor allem bei größeren Mengen zu bearbeitender Objekte ist ein Verfahren, bei dem die kombinatorische Explosion auftritt, praktisch nicht brauchbar. Denn nehmen wir einmal an, wir würden bei 100 Objekten an die Leistungsgrenzen unseres vorhandenen Rechners stoßen, und das Problem sei uns wichtig genug, einen hundertmal schnelleren Rechner zu erwerben und zu installieren. Dann könnten wir mit ihm genau noch *ein* weiteres Objekt dazunehmen!

Ein übliches Produktionssystem neigt zu derartigen kombinatorischen Explosionen, wenn weder die Problemstellung noch wir durch besondere Vorkehrungen die Zahl der zu kombinierenden Objekte beschränken. Das liegt daran, daß es die Lösungen einfach durch vollständiges Durchsuchen aller Möglichkeiten zu finden versucht. Für diese Vorgehensweise hat sich der Ausdruck *Britisches Museums-Verfahren* eingebürgert: man findet zwar alles, wenn man nur lange genug herumsucht, aber es ist eben erschöpfend – in jedem der beiden Wortsinne.

Diese Eigenschaft eines Produktionssystems kann man – je nach Standpunkt – als erfreulich oder unerfreulich ansehen. Der erfreuliche Aspekt ist, daß man viele Expertensystem-Anwendungen fast genausogut auf einem Minirechner oder größeren Arbeitsplatzrechner realisieren kann wie auf einem Großrechner. Solange die zu bearbeitende Aufgabe nicht „explosionsgefährdet" ist – also zum Beispiel ein Diagnosesystem wie *Mycin* –, ist auch ein Arbeitsplatzrechner meist schnell genug; vielleicht ist er sogar schneller als ein Terminal am Großrechner, weil die Rechenzeiten oft geringer sind als die Übertragungszeiten von und zum Datensichtgerät des Benutzers. Explodiert uns aber erst einmal die Anwendung unter den Händen, dann kann uns meist der Großrechner auch nicht mehr viel helfen. Wir müssen uns dann nach anderen Verfahren umsehen, die diese Explosion vermeiden oder mindestens eindämmen.

Abb. 8–2 Mögliche Routen des reisenden Verkäufers

Die exponentielle Explosion und „polynomiale Zeiten"

Wie kann man nun die vollständige Prüfung aller möglichen Kombinationen und damit die kombinatorische Explosion umgehen? Eine naheliegende Verbesserung ist es, nicht alle möglichen Routen zu berechnen und erst dann die optimale zu suchen, sondern sich immer die bis jetzt beste zu merken und das Ausprobieren einer neuen Wegkombination sofort abzubrechen, wenn bereits eine Teilstrecke zu größeren Kilometerzahlen führt als das bisherige Optimum. Abbildung 8-3 zeigt ein Beispiel. Anschaulich ist das Verfahren plausibel: es hilft gegen ein unsinniges, „wildes" Hin- und Herfahren über die gesamte Landkarte, das ein menschlicher Reiseplaner aus seinem „Gefühl" für örtliche Nachbarschaften gar nicht erst in seine Kombinationen einbeziehen würde, der Computer aber in Ermangelung dieses geographischen „Expertenwissens" nicht von vornherein ausschließen sondern nur durch rechtzeitiges Abbrechen reduzieren kann.

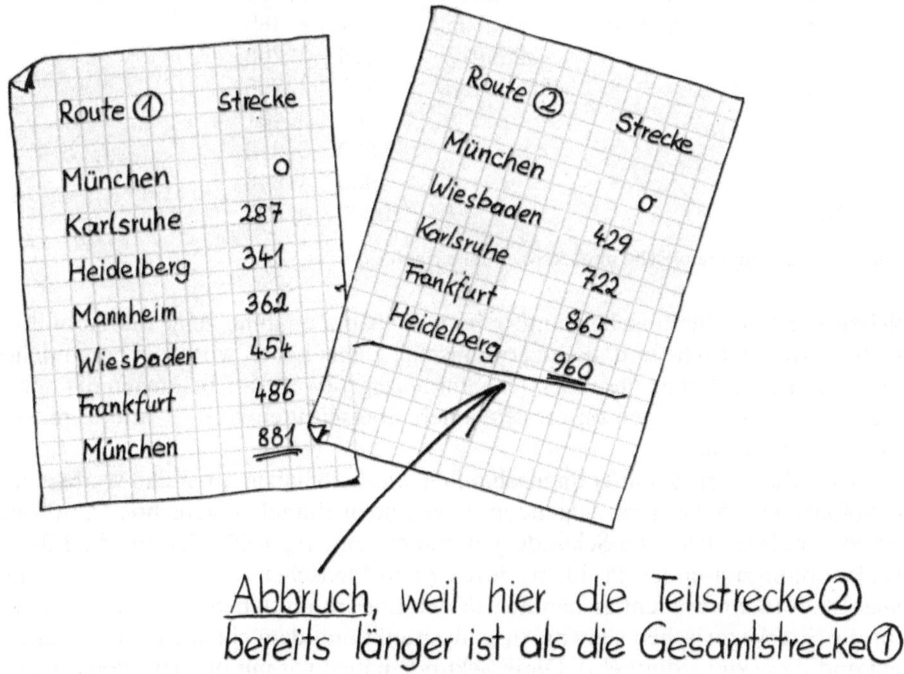

Abb. 8-3 Abbruch bei Erreichen einer zu großen Wegstrecke

Diese Verbesserung vermeidet tatsächlich die kombinatorische Explosion, ersetzt sie aber leider nur durch die etwas schwächere *exponentielle*. Von ihr reden wir, wenn die Rechenzeit nur exponentiell, also mit $a**N$ für irgendeinen problemspezifischen Wert a zunimmt. In unserem konkreten Fall ist a etwa 1,26. Damit bringt eine Steigerung von 5 auf 10 Städte nur noch etwas mehr als die Verdreifachung der Rechenzeit. Diese recht geringe Erhöhung liegt an der hier ziemlich kleinen Basis a. Bei vielen Problemen ist sie höher, und dann ist auch die exponentielle Explosion nicht mehr vertretbar.

Die Abbildung 8-4 stellt einige Werte für verschiedene Wachstumsgesetze zusammen, wobei wir für die exponentielle Zunahme als Basis *a* die Zahl *e = 2,718* angenommen haben (warum wir dies taten, ist hier uninteressant - falls Sie es nicht ohnehin wissen, nehmen Sie bitte einfach an, daß wir als „typische Basis" keine zu kleine und keine zu große Zahl nehmen wollten, und daß wir 2 eben als klein und 3 schon als groß empfanden).

N	N!	exp N	N*N	log N
1	1	3	1	0.000
2	2	7	4	0.693
3	6	20	9	1.099
5	120	148	25	1.609
7	5040	1097	49	1.946
10	3628800	22026	100	2.303
12	479001600	162755	144	2.485
15	*	3269017	225	2.708
20	*	485165195	400	2.996
30	*	*	900	3.401
50	*	*	2500	3.912
70	*	*	4900	4.248
100	*	*	10000	4.605

Abb. 8-4 Die kombinatorische und exponentielle Explosion

Neben der kombinatorischen und exponentiellen Zunahme zeigt die Abbildung noch die quadratische und die logarithmische. Dabei haben wir die exponentiellen Werte auf ganze Zahlen gerundet. Die Sterne zeigen Werte an, bei denen die numerischen Kapazitätsgrenzen unseres Rechners überschritten wurde - die Explosion also geschehen war.

Große Zahlen sind immer unanschaulich. Deshalb haben für einige Werte von *N* in Abbildung 8-5 die stark steigenden Folgen noch einmal umgerechnet. Und zwar haben wir als Einheit eine Sekunde genommen: eine plausible Zeit für die Lösung des Handlungsreisenden-Problems durch einen Menschen bei einer Route aus nur *einer* Stadt (dann braucht er nämlich in der Entfernungstabelle in Abbildung 8-5 nur die Strecke zwischen seinem Ausgangspunkt und dem einen Zielort nachzusehen und diese zu verdoppeln). Diese Sekunde haben wir mit den jeweiligen Faktoren multipliziert.

N	N!	exp N	N*N
5	2 Min	2.5 Min	0.5 Min
7	1.5 Std	20 Min	0.8 Min
10	1.5 Monate	6 Std	1.7 Min
12	15 Jahre	1.9 Tage	2.4 Min
15	41000 Jahre	15 Jahre	3.8 Min

Abb. 8-5 Anwachsen der Rechenzeit bei kombinatorischer und exponentieller Explosion

Wie Sie sehen, bringt uns die kombinatorische Explosion bei noch recht kleiner Anzahl von Städten für die Lösungszeit schnell in die Monate, Jahre und gar Jahrtausende; die exponentielle ist erträglicher, erreicht aber bei 10 Städten auch schon etwa einen Arbeitstag und bricht dann rasch in die Größenordnung von Jahren aus.

Das Ideale wäre nach Abbildung 8-5 natürlich ein Ansteigen des Aufwands mit dem Logarithmus der Objektzahl. Leider gibt es nur wenige Probleme, bei denen Lösungsverfahren bekannt sind, die so unempfindlich auf die Zunahme des Problemumfangs reagieren. Ein bekanntes Beispiel ist das *binäre Suchverfahren* für geordnete Tabelleneinträge. Es ist im Grunde dasselbe, das Sie verwenden, wenn Sie im (alphabetisch sortierten) Telefonbuch einen Eintrag suchen: Sie schauen erst etwa in der Mitte nach, stellen fest, ob der gesuchte Eintrag in der Sortierreihenfolge vor oder hinter dem dort stehenden liegt, mitteln wiederum den Bereich, in dem er liegen muß und wiederholen diesen Prozeß so lange, bis Sie den gesuchten Eintrag entweder gefunden oder sein Fehlen festgestellt haben. Wie Sie wissen, können Sie auf diese Weise auch bei einer Großstadt in vielleicht einer Minute jeden Teilnehmer finden, dessen genaue Sortierposition Sie kennen.

Dagegen brauchen Sie eine frustierend lange Zeit, wenn Sie für einen etwas häufigeren Namen wie „Müller" im gleichen Telefonbuch alle Einträge fortlaufend, *linear* durchsuchen müssen, weil Sie etwa außer dem Familiennamen nur die Straße wissen, diese nicht Sortierkriterium ist, und sie deshalb die binäre Suche nicht benutzen können.

Was Sie hier erleben, ist der Übergang von *logarithmischer* zu *linearer Zeit*: die Zeit für das Durchsuchen dieser ungeordneten Auflistung ist trivialerweise proportional der Zahl N der „Müllers" in Ihrer Stadt.

Da Expertenwissen nur selten so geordnet werden kann, daß man zur Bearbeitung einer Anfrage eine sehr effiziente Suchmethode einsetzen kann, ist in der Regel ein *polynomiales Zeitverhalten* das beste, auf was man hoffen kann. Hiervon redet man, wenn man die benötigte Rechenzeit durch ein *Polynom*

$$T = a*N**n + ... + x*N**2 + y*N + z$$

ausdrücken kann. Und da gegen das erste Glied mit der höchsten Potenz n bei größeren Objektzahlen alle anderen Terme des Ausdrucks vernachläßigt werden können, klassifiziert man *polynomiale Zeiten* nach dieser höchsten Potenz. Man sagt, ein Verfahren zeige das *polynomiale Zeitverhalten O(N**n)* (gesprochen „o von N hoch n"), wenn die benötigte Rechenzeit mit der n-ten Potenz der Zahl der zu bearbeitenden Objekte anwächst.

Ihre „lineare Suchzeit" nach den „Müllers" ist also der spezielle Fall *O(N)* einer polynomialen Zeit: ein in der Datenverarbeitungspraxis immer noch sehr günstiger und oft nicht oder nur schwer zu erreichender Wert. Überlegen wir uns also, ob es wenigstens eine *polynomiale* Suchmethode für das Handlungsreisenden-Problem gibt.

Heuristische Verfahren

Die einzigen bekannten Lösungen des Handlungsreisenden-Problems, die in polynomialer Zeit ablaufen, erfordern von uns ein Zugeständnis: wir müssen darauf verzichten, unter allen Umständen die *beste* Lösung zu finden, sondern uns mit einer *recht guten* zufrieden geben. In der Fachsprache wird dies so ausgedrückt, daß das Handlungsreisenden-Problem *NP-vollständig* sei. Das bedeutet, daß nach dem derzeitigen Stand des Wissens in *polynomialer Zeit* nur eine *nichtdeterministische* Lösung berechnet werden kann, also eine, die nicht immer „deterministisch" ein und dasselbe (optimale) Ergebnis findet.

Ein Verfahren, für das nicht garantiert werden kann, daß es in allen Fällen ein exaktes Resultat liefert, wird *heuristisch* genannt, abgeleitet vom griechischen Ausdruck „heuriskein" für „entdecken".

Das „Entdecken" bezieht sich hier auf eine Lösungsidee, welche aus den Gegebenheiten der Problemstellung, aus Vorwissen oder aus „gesundem Menschenverstand" heraus einen einfacheren Weg als die erschöpfende oder auch die abgekürzte Suche ermöglicht.

Eine naheliegende heuristische Lösung für das Handlungsreisenden-Problem zeigt Abbildung 8-6, den *Nächster Nachbar-Algorithmus.* Er beginnt die Route mit der Stadt, die am nächsten zum Ausgangsort liegt und setzt sie immer mit derjenigen noch nicht besuchten fort, die wiederum die nächste zum jeweiligen Aufenthaltsort ist.

Da in jeder der N Städte alle (d.h. im Durchschnitt $(N-1)/2$) noch nicht besuchten Orte nach dem am nächsten benachbarten durchsucht werden müssen, ist der Zeitaufwand für das Verfahren proportional $N*(N-1)/2$, d.h. $O(N*N)$, und damit polynomial „in quadratischer Zeit".

Anschaulich ist klar, daß dieses Verfahren zumindest keine sehr schlechte Reisestrecke liefern wird. Tatsächlich wurde nachgewiesen, daß die so erhaltene Lösung im Durchschnitt um 20% und im schlimmsten Fall um den Faktor $(log\ N+1)/2$ schlechter ist als die optimale. Das ist, wie man in Abbildung 8-6 nachsehen kann, immer noch ein nicht allzu großer Wert. In unserem Beispiel ist das Ergebnis nach Abbildung 8-6 sogar nur um 30 km, d.h um etwa 3,4%, schlechter als die günstigste Strecke von 881 km.

In der Praxis reicht es vor allem bei Planungsaufgaben häufig aus, das Problem nicht zu *optimieren,* sondern nur, mit einem Ausdruck des Wirtschafts-Nobelpreisträgers *H.A. Simon,* zu *satisfizieren,* d.h. eine „befriedigende" Lösung zu finden. Dafür gibt es mehrere Gründe:
- Die Optimierung kann so aufwendig sein, daß eine befriedigende Lösung alles in allem sogar günstiger ist. Wenn ich in München mit dem Auto in die Innenstadt zum Einkaufen fahre, verbrauche ich aller Wahrscheinlichkeit nach mehr Zeit, wenn ich auf die optimale Lösung, nämlich eine Parkmöglichkeit direkt vor dem aufzusuchenden Geschäft warte, als wenn ich den nächsten Parkplatz im Umkreis von einigen hundert Metern benutze.
- Oft sind in der Praxis auch die Ausgangsdaten so ungenau bekannt, daß ein exakt errechnetes Optimum ohnehin eine Fiktion wäre. So sind in unserem Handlungsreisenden-Beispiel die Kilometer zwischen den Städten nur einer der Kostenfaktoren, selbst bei Annahme einer Autofahrt. Die Benzinkosten und die Fahrzeiten, die ja auch Kosten verursachen, hängen zum Beispiel davon ab, zwischen welchen Städten es eine Autobahn gibt und zwischen welchen nicht. Auch die Frage, wo der Reisende übernachtet, kann über die unterschiedlichen Hotelpreise einen wesentlichen Einfluß auf die kostengünstigste Route haben.
- Zuweilen ist aufgrund irgendwelcher Nebenbedingungen das rechnerische Opti-

Abb. 8-6 Der Nächster Nachbar-Algorithmus

mum sowieso realitätsfremd. So kann unser Geschäftsreisender die Termine, die er in den einzelnen Städten macht, sicher nicht völlig frei bestimmen, sondern muß sie mit seinen Kunden abstimmen. Deshalb hat er eventuell eine ungünstigere Reihenfolge der besuchten Orte in Kauf zu nehmen. Oder er möchte während der Rundreise ein Wochenende bei Verwandten in einer bestimmten Stadt verbringen, was einen zusätzlichen Fixpunkt in der Reiseroute setzt.

Abb. 8-7 Das heuristische Wasserabmessen

Heuristische Verfahren erlauben es im allgemeinen viel besser als strenge Suchverfahren, solche Kriterien einzubringen und von Anfang an zu berücksichtigen. Sie sind deshalb keineswegs immer nur als Notlösung zu betrachten, wenn die vollständige, optimierende Methode an Zeitproblemen scheitert.

Deshalb wollen wir hier als weiteres Beispiel noch kurz eine heuristische Lösung einer Denksportaufgabe bringen, das ebenfalls das Durchprobieren aller Möglichkeiten erspart. Sie demonstriert besonders gut, wie eine geschickt gewählte Heuristik eine ziellose, „erschöpfende" Lösungssuche systematisieren kann.

Die Denksportaufgabe ist das bekannte Problem, eine bestimmte Menge Wasser mit zwei Behältern abzumessen, von denen keiner genau die gewünschte Menge faßt. In unserem Beispiel sollen ein 7 Liter- und ein 5 Liter-Gefäß vorhanden sein, und es sollen mit ihnen genau 4 Liter abgemessen werden.

Abbildung 8-7 zeigt die drei heuristischen Regeln, mit denen die Lösungssuche systematisiert werden kann, und ihre Anwendung auf das gegebene Problem; sie führen nach sechs Schritten zur Lösung.

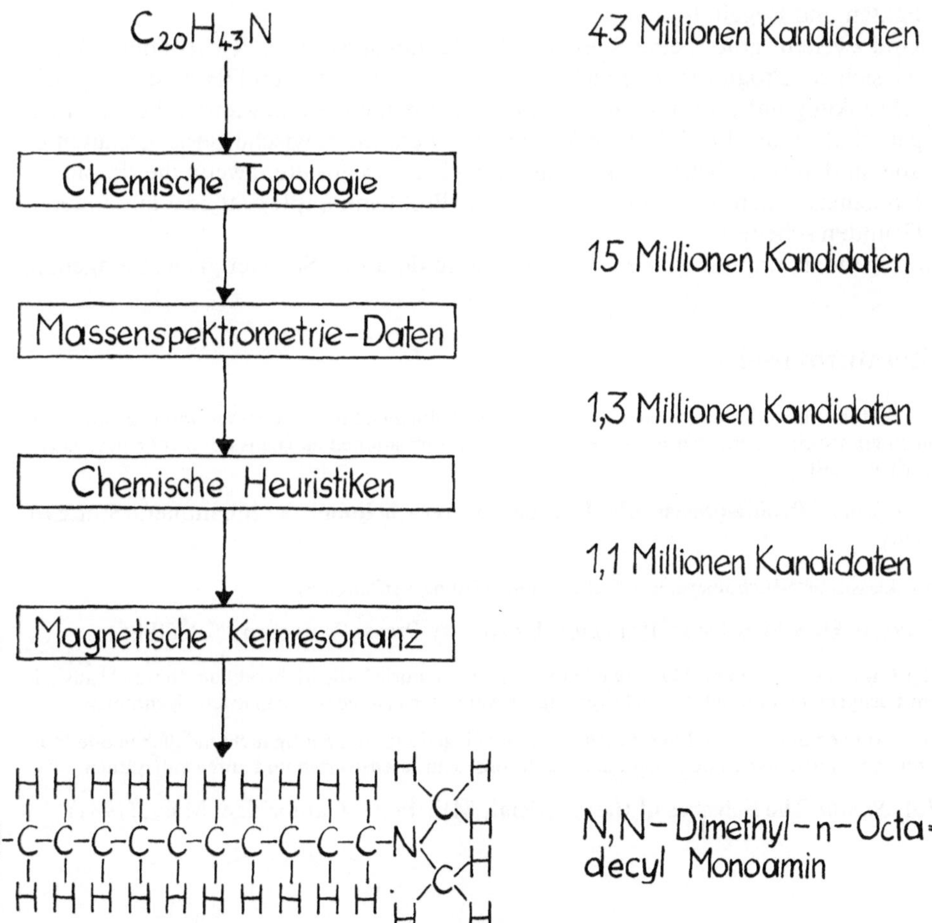

Abb. 8-8 *Dendral Auswahlfilter*

An diesem Beispiel sieht man aber auch deutlich den Nachteil heuristischer Verfahren. Sie beruhen auf einer „Lösungsidee", die zwangsläufig problemspezifisch ist. Damit „explodiert" mit den Rechenzeiten zugleich auch die schöne, allgemeine *Inferenzmaschine*, die wir bereits in Kapitel 1 als Ideal eines Expertensystems vorstellten und der das Konzept des Produktionssystems so gut entsprach. Wir müssen wieder über die besonderen Charakteristiken jedes auf uns zukommenden Problems einzeln nachdenken und versuchen, jeweils eine geeignete Lösungsidee zu finden. Abbildung 8-8 zeigt wie im Dendral-System zur Ermittlung chemischer Strukturen aus Massenspektrometrie und anderen Informationen verschiedene Heuristiken die am Anfang sehr große Zahl von Möglichkeiten reduzieren.

Das Produktionssystem ist also in der Praxis nicht der universelle Problemlöser, als den es die Theorie erscheinen ließ. Dadurch wird es aber für die Entwicklung von Expertensystemen keineswegs uninteressant. Ganz im Gegenteil:

- Erstens gibt es durchaus Problemklassen, die nicht „explodieren". Für sie können wirklich Expertensysteme so konstruiert werden, daß man den allgemeinen Rahmen eines standardisierten Produktionssystems mit den problemspezifischen Fakten und Regeln füllt.
- Und zweitens gibt es eine Reihe von Produktionssystemen, insbesondere *Prolog*, die sich zur Programmiersprache weiterentwickelt haben und damit die enge Beschränkung auf „stumpfsinniges" Suchen sprengen. Sie bewahren die guten Eigenschaften der Produktionssysteme, vor allem ihre logische Basis, gestatten es aber andererseits beliebige Lösungsstrategien zu realisieren, wenn die simple Inferenzmaschinen-Suchstrategie wegen der Problemkomplexität oder aus anderen Gründen scheitert.

Im folgenden Kapitel werden wir auf weitere derartige Schwierigkeiten eingehen.

Literaturhinweise

Eine Einführung in die verschiedenen Klassen von Problemen und Lösungsverfahren, geschrieben von einem Psychologen, aber mit vielen nützlichen Informationen auch aus der Sicht eines Datenverarbeiters, ist

D. Dörner, **Problemlösen als Informationsverarbeitung**, Kohlhammer, Stuttgart (1979).

Das „klassische" Buch über heuristische Problemlösungsverfahren ist:

G. Polya, **How to Solve It**, Princeton University Press, Princeton, N.J. (1985).

Allerdings ist es von einem Mathematiker verfaßt, der natürlich die Mehrzahl der Beispiele aus seinem Fachgebiet entnimmt. Deshalb verlangt es wenigstens einige mathematische Kenntnisse.

Ausführungen über das Ziel des *Satisfizierens*, im Gegensatz zum häufig nicht möglichen oder notwendigen *Optimieren*, finden Sie in dem auch sonst sehr lesenswerten und anregenden Buch

H.A. Simon, **The Sciences of the Artificial**, MIT Press, Cambridge, Mass. (1981).

9 Problemtypen und Lösungsmethoden

...Genaues, man weiß nicht...

Im vorigen Kapitel diskutierten wir die Schwierigkeiten, welche aufgrund der Komplexität der zu bearbeitenden Probleme bei der Implementierung eines Expertensystems auftreten können. Wie Sie vielleicht schon gemerkt haben, gebrauchen wir übrigens den Ausdruck *Komplexität* hier nicht umgangssprachlich, sondern in der Bedeutung, die sich in der Informatik und insbesondere der Theorie der Algorithmen eingebürgert hat: ein Problem ist *komplex*, wenn der Rechenaufwand mit der Zahl der in ihm zu berücksichtigenden Objekte sehr stark ansteigt, also etwa kombinatorisch oder exponentiell. Ob der benutzte Algorithmus für den Menschen einfach oder schwierig zu verstehen oder zu programmieren ist, spielt dabei keine Rolle.

Wie wir bereits sagten, können jedoch auch andere Gründe als diese rein quantitativ gemessene Komplexität der Konstruktion eines Expertensystems auf der Basis eines logischen Produktionssystems entgegenstehen. Zwei davon wollen wir in diesem Kapitel besprechen:

- Die Struktur der Fakten und Regeln ändert sich unter Umständen mit der Zeit, so daß es besonderer Vorkehrungen zur Organisation und Pflege der Wissensbasis bedarf.
- Die mathematische Modellierung der vorliegenden Sachverhalte ist zuweilen dubios, und zwar nicht nur durch statistisch behandelbare Unsicherheiten wie etwa bei den Diagnosen von *Mycin*, sondern weil entweder überhaupt noch keine mathematisierbare Theorie existiert (zum Beispiel auf Gebieten wie der Ästhetik oder Ethik), oder weil aufgrund mangelhafter mathematischer Vorbildung „Scharlatanerie" getrieben und Mathematik zur Tarnung unsauberer und unzulässiger Schlüsse benutzt wird (wie oft in den sozialen, politischen und ökonomischen Wissenschaften, aber leider zuweilen auch in der Informatik).

Diese beiden Problembereiche unterscheiden sich wesentlich dadurch, daß man den ersten methodisch angehen und zumindest Lösungskonzepte anbieten kann. Dagegen verschließt der zweite zumindest vorläufig wohl leider bestimmte Gebiete der Einführung von Expertensystemen. Seine Behandlung in diesem Kapitel hat deshalb auch vorwiegend den Sinn, im Leser ein gesundes Mißtrauen gegen unverstandene mathematische Formalismen zu wecken. Er sollte darauf bestehen, selbst dann verständliche und nachvollziehbare Erklärungen der benutzten Schlußweisen zu erhalten, wenn die Wissensbasis des Expertensystems nur als umfangreiches Konglomerat mathematischer Formeln vorliegt. Kein Arzt würde eine Diagnose von *Mycin* akzeptieren, wenn es ihm als Erklärung nur eine Seite Mathematik lieferte – selbst wenn an ihrem Ende als Resultat eine hundertprozentige Sicherheit ausgewiesen würde!

Doch begeben wir uns lieber zuerst auf halbwegs festen Grund.

Nichtmonotone Logik

Einen Fachausdruck, den Sie zuweilen hören werden, wenn Ihnen Spezialisten erklären wollen, warum ein von Ihnen gewünschtes Expertensystem sich nur mit ziemlichem Aufwand als spezielle Lösung und nicht mit Standard-Methoden realisieren läßt, ist die *nichtmonotone Logik,* die es verlange. Wie bei vielen wissenschaftlichen Ausdrücken verbirgt sich dahinter ein sehr plausibles und einfach zu verstehendes – aber wirklich nur mühsam zu lösendes – Problem: während bei „normalen" Systemen die „Logik", d.h. der Vorrat an Fakten und Regeln in der Wissensbasis allenfalls „monoton zunimmt", d. h. neues Wissen aufgenommen werden muß, nimmt bei Expertensystemen mit „nichtmonotoner Logik" dieses Wissen auch manchmal (aus rein praktischen Gründen) wieder ab. Und zwar leider so, daß es nicht trivial ist, welche Fakten und Regeln aus der Wissensbasis gelöscht werden müssen. Dies zu erkennen oder rekonstruieren zu können, verlangt dann von Anfang an spezielle softwaretechnische Maßnahmen und ist damit aufwendig – in der Realisierung und unter Umständen auch in der Laufzeit.

Wie so etwas passieren kann, versteht man am besten an einem Beispiel. Nehmen Sie an, Sie möchten in dem vorhin besprochenen System zur Lösung des Handlungsreisenden-Problems nicht die Kilometer, sondern die tatsächlichen Bundesbahnfahrtkosten minimieren. Diese sind ja nicht nur von den Entfernungen, sondern von vielen anderen Nebenbedingungen abhängig: zum Beispiel vom Zeitpunkt der Fahrt, ob man eine Stadt per Umwegkarte „billig mitnehmen" kann, oder – wenn gerade „rosa Zeiten" sind – sogar vom Alter Ihres Handlungsreisenden.

Da die Bundesbahn etwa 4000 Bahnhöfe hat, ist es praktisch nicht möglich, die verschiedenen Fahrpreise mit allen Sonderregelungen in einer großen Tabelle zu speichern. Es bleibt Ihnen also nichts anderes übrig, als für das Handlungsreisenden-System ein eigenes „Unter-Expertensystem" zu entwickeln, welches die jeweils gültigen Tarifvorschriften als Fakten und Regeln enthält, und das für die jeweiligen Fahrtstrecken unter Beachtung aller wesentlichen Nebenbedingungen die Fahrpreise ausrechnet.

Falls Ihnen die Bezeichnung „Expertensystem" hierfür zu hochgestochen vorkommt, dann haben Sie sich bis jetzt offensichtlich noch nie um die Tarifregeln der Bundesbahn gekümmert. Sie sind so komplex, daß man hier mit gutem Grund von „Expertenwissen" sprechen kann. Wußten Sie zum Beispiel, daß es „mitten im Bodensee" einen „imaginären Bahnhof" gibt? Er hat den Zweck, die teilweise sehr langen Fahrtstrecken um den Bodensee herum tarifneutral zu machen: gleichgültig, wieviel Kilometer sie auf diese Weise verfahren, wird Ihr Billett immer so berechnet, als würden Sie mitten im Bodensee umsteigen. Oder wußten Sie, daß manchmal bestimmte Umwege nicht gerechnet werden? Das geschieht dann, wenn zwischen zwei Orten innerhalb bestimmter Zeiten kein direkter Zug verkehrt und die Reisenden deshalb gezwungen sind, diesen Umweg zu nehmen.

Ein Fahrpreis-Ermittlungssystem für die Bundesbahn-Tarife ist also keineswegs trivial. Das hat mit den vielen Ausnahme- und Sonderbestimmungen zur Folge, daß es kaum möglich ist, das System alle jeweils benötigten Fahrpreise schnell genug ausrechnen zu lassen, um das ohnehin schon zeitkritische Handlungsreisenden-System nicht hoffnungslos unpraktikabel zu machen. Also wird man einen ähnlichen Trick benutzen, wie ihn auch die Bundesbahn bei ihrer „Elektronischen Fahrkartenerstellung" anwendet.

Die überwiegende Zahl der Fahrkarten wird – insbesondere für Geschäftsreisen – zwischen den großen Intercity-Bahnhöfen gebraucht. Dagegen sind Fahrten von Sankt Peter-Ording nach Neustadt am Rübenberge nur sehr selten, für unser Handlungsreisenden-System noch mehr als am Bundesbahnschalter. Also lohnt es sich vermutlich, einmal ermittelte Tarife nicht gleich wieder zu vergessen, sondern als neue Fakten in die Wissensbasis aufzunehmen. Nach einiger Zeit können dann die meisten Fahrpreise unmittelbar dort nachgesehen werden, und der aufwendige Rechenprozeß muß nur noch in Ausnahmefällen ablaufen.

Damit steigt die Zahl der bekannten Fakten „monoton" – solange, bis die Bundesbahn ihre Tarife ändert oder sich irgendwelche neuen Promotionsangebote einfallen läßt. Damit wird ein Teil der „auf Vorrat" ermittelten Fakten ungültig, und sie müssen aus der Wissensbasis wieder entfernt werden. Daß es nicht einfach ist zu ermitteln, welche dies sind, ist unmittelbar einleuchtend. Denn viele Änderungen werden stark lokalisiert oder fallbezogen sein: wenn etwa die Regelungen für den vorhin erwähnten „Bahnhof Bodensee-Mitte" geändert werden, betrifft dies sicher nur wenige der gespeicherten Fahrpreise. Aber welche? Um dies rationell zu prüfen, braucht unser „Unter-Expertensystem" zur Fahrpreisbestimmung fast seinerseits ein „Unter-Unter-Expertensystem", welches das dazu nötige geographische Wissen besitzt.

Es kann zahlreiche andere praktische Gründe geben, welche Fakten oder Regeln, je nach den konkreten Umständen, neu einführen oder auch unwirksam machen. Einer der wichtigsten sind die *Annahmen im Zweifelsfall*, im englischen als *default reasoning* bezeichnet. Sie treten auf vielen Gebieten auf und werden von Menschen, teils bewußt und teils unbewußt, immer wieder als *implizite Voraussetzungen* bei logischen Erwägungen benutzt. Wir wollen uns auf einige Beispiele hierfür beschränken:
- Ein Angeklagter ist unschuldig, *solange seine Schuld nicht bewiesen ist.*
- Ein Vogel kann fliegen, *solange es sich nicht um einen Strauß, einen Pinguin oder etliche andere Ausnahmen handelt.*
- Preise enthalten die Mehrwertsteuer, *solange es nicht anders angegeben ist und es sich nicht um ein Auslandsgeschäft handelt.*
- Ein Hund hat ein Fell, *wenn es nicht gerade ein mexikanischer Nackthund ist.*
- Normalerweise schreibt man heute Briefe mit der Schreibmaschine, *solange es kein Liebes- oder Kondolenzbrief ist.*
- Ein Bankkonto kann nur bis zu einer bestimmten Summe (z.B. 3000.- DM) überzogen werden, *es sei denn, es handelt sich um einen alten, verläßlichen Kunden oder es existieren Sicherheiten.*
- Eine Katze hat einen Schwanz, *wenn es keine Manx ist.*
- In Hotelzimmern kostet die Übernachtung mit zwei Personen mehr als die von einer Person, *aber es gibt einige amerikanische Hotelketten, die hier keinen Unterschied machen.*

Die „nichtmonotone" Logik gehört also zu den theoretischen Begriffen, die auch in vielen Anwendungen sehr praktische (und leider oft auch teure) Auswirkungen haben. Zu den Begriffen also, die auch ein Praktiker kennen sollte, und sei es auch nur, um sich überlegen zu können, wie er sie – zum Beispiel durch Änderung der Aufgabenstellung oder der Anforderungen – vermeiden kann.

Probleme der mathematischen Informatik

Aber auch ohne nichtmonotone Logik sind die aus einem Expertensystem zu gewinnenden Aussagen oft leider fragwürdig. Es reicht schon, daß die Fakten und Regeln nicht „scharf" formuliert werden können, sondern bestenfalls statistische Gültigkeit haben. Wobei die strenge, mathematische Statistik noch ein günstiger Fall ist: man kann mit ihr nämlich „rechnen", das heißt, man kann Regeln angeben, wie sich Wahrscheinlichkeiten addieren.

Auf vielen Gebieten ist noch nicht einmal das der Fall: ein typisches Beispiel ist die ärztliche Diagnose, wie sie das uns bereits bekannte *Mycin*-System leistet. Schon bei einem einzelnen Symptom ist die „Wahrscheinlichkeit", daß es auf eine bestimmte Krankheit hindeutet, meist nur eine gefühlsmäßige Schätzung des Experten, das heißt hier des erfahrenen Diagnostikers. Daß es sich nicht um eine *Wahrscheinlichkeit* im mathematischen Sinn handelt, erkennt *Mycin* auch an; es verwendet nicht den englischen Ausdruck *probability*, sondern *likelihood*, also *Anschein*, als Bezeichnung für das von ihm benutzte Maß für die Sicherheit einer Diagnose.

Da Symptome nicht unabhängig voneinander sind, werden in *Mycin* die *likelihoods* mehrerer Symptome auch nicht nach den Regeln der Statistik für (unabhängige) Wahrscheinlichkeiten addiert, sondern es werden *zwei* „Anscheinsmaße" und zwar eines *für* und eines *gegen* eine bestimmte Diagnose geführt. Dies trägt dem Umstand Rechnung, daß etwa beim Verdacht auf Lungenentzündung das (zusätzliche) Symptom „Fieber" keinen nennenswerten Zugewinn für die Sicherheit der Diagnose mehr bringt, seine Abwesenheit Lungenentzündung dagegen extrem unwahrscheinlich macht.

Unscharfe Logik

Für den Entwickler von Expertensystemen stellen derartige „unsichere" Fakten und Regeln – ob sie nun der klassischen Wahrscheinlichkeitsrechnung gehorchen oder nicht – schon deshalb ein Problem dar, weil der Basismechanismus der *Inferenz* auf logischer Basis abläuft und damit „sichere" Entscheidungen voraussetzt: sowohl für die Werte logischer Variablen als auch für Operatoren wie *und* und *oder* sind nur die beiden Werte *wahr* oder *falsch* zugelassen.

Und es wird auch angenommen, daß die getroffenen Klasseneinteilungen „scharf" sind. Dies ist im praktischen Leben keineswegs immer der Fall. So ist etwa die Aussage

Herr X hat ein versteuertes Jahreseinkommen von über 100.000,-- DM

anhand seiner Steuererklärung problemlos als *wahr* oder *falsch* zu klassifizieren.

Für die Aussage

Herr X hat ein Vermögen von über einer Million DM

gilt dies bereits nur noch eingeschränkt. Denn je nachdem, wie das Vermögen bewertet wird, fallen viele Menschen in einen Zwischenbereich, in welchem die Wahrheit dieser Behauptung für sie unsicher ist. Die Aussage

Herr X ist kreditwürdig

ist schließlich so unscharf, daß sie sich der Analyse auf der Basis der klassischen Logik völlig entzieht. Gerade derartige Aussagen sollen aber Experten oder auch Expertensysteme in der Praxis viel häufiger treffen als logisch „scharf" ableitbare.

Deshalb gewann in den letzten Jahren ein ziemlich ausgefallenes Seitengebiet der Mathematik einige Bedeutung: die *fuzzy logic*, wörtlich also eine „ausgefranste Logik". Es gibt noch keine allgemein akzeptierte deutsche Bezeichnung hierfür; deshalb wollen wir diesen Begriff hier mit *unscharfer Logik* übersetzen.

Die unscharfe Logik versucht, die Aussagenlogik auf Gebiete anwendbar zu machen, wo die Aussagen nicht *zweiwertig*, das heißt entweder *wahr* oder *falsch* sind. Sie geht dabei von der anschaulichen *Mengenlogik* aus, welche die behandelten Objekte in *Klassen* einteilt, also in *Mengen*, für die jeweils eine bestimmte Aussage zutrifft oder nicht zutrifft.

Abbildung 9-1 veranschaulicht dies an den Attributen „volljährig" und „groß" für einen Menschen. Es wird für ein Objekt X ein *Grad der Klassenzugehörigkeit* definiert, der in der Literatur auch als *Wahrheitswert tr(X) (truth value)* für die Eigenschaft der Klassenzugehörigkeit des Objekts X bezeichnet wird. Für die klassische *Modallogik* sind nur die Wahrheitswerte 0 (*falsch*) und 1 (*wahr*) zugelassen, in der unscharfen Logik auch Zwischenwerte. Der Grad X ist nur dann genau gleich 1, wenn die Zugehörigkeit des betrachteten Objekts zu einer Klasse unzweifelhaft ist, und er ist gleich 0, wenn dies sicher nicht der Fall ist.

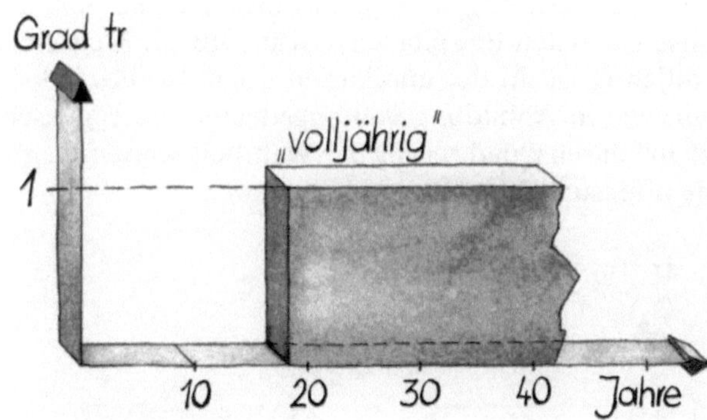

Abb. 9-1 Volljährigkeit ist ein „unscharfes" Kriterium

Als *tr(X)* kann die statistische Wahrscheinlichkeit dafür angenommen werden, daß ein Objekt X der Klasse angehört, wenn diese Wahrscheinlichkeit definierbar und ermittelbar ist. In vielen Fällen, etwa bei der Diagnose eines Krankheitsbilds, kann *tr(X)* aber nur ein von einem Experten geschätztes Maß sein, zu welchem Grad ein festgestellter Fakt X den in Frage stehenden Sachverhalt bestätigt oder widerlegt.

Für das in Abbildung 9–1 oben dargestellte Beispiel der „Volljährigkeit" ist der Grad *tr* wie in der klassischen Logik entweder 0 oder 1: je nachdem, ob ein Mensch (in Deutschland) über 18 Jahre alt ist oder nicht, ist – per Gesetz festgelegt – die Aussage „er ist volljährig" eindeutig *wahr* oder *falsch*.

Dagegen ist die Eigenschaft „groß" unscharf. Wann Menschen einen anderen als groß bezeichnen, dürfte zwischen einer Körperlänge von etwa 1,70 m und 1,85 m schwanken. Wenn man dementsprechend als Grad den Prozentsatz der Menschen annimmt, der einen Mensch von gegebener Körperlänge „groß" nennt, dürfte sich etwa die in Abbildung 9–2 unten gezeigte Verteilung ergeben. Deshalb sind die Eigenschaft „groß" und die Klasse der „großen Menschen" entsprechend unscharf.

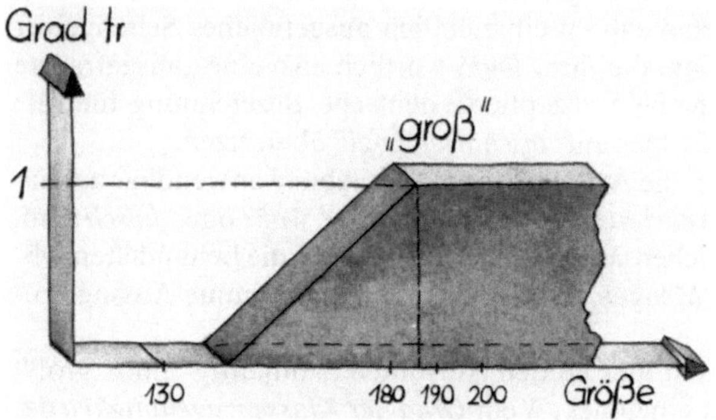

Abb. 9–2 Groß ist ein „unscharfes" Faktum

Wie Abbildung 9–3 zeigt, kann man aus einem Grad *tr*, etwa dem für die Eigenschaft „groß", andere Eigenschaften wie „klein" oder „sehr groß" definieren. Die Wahrscheinlichkeitswerte für gegensätzliche Eigenschaften, wie z.B. „klein" und „groß", werden dabei meist so festgelegt, daß sie sich zu 1 addieren. In der klassischen, „zweiwertigen" Logik ist dies der *Satz vom ausgeschlossenen Dritten*, der in unserem ersten Beispiel ausdrückt, daß ein Mensch entweder volljährig oder nicht volljährig ist. In der unscharfen Logik ist dies jedoch nicht zwingend. Definieren wir, wie in Abbildung 9–3 angedeutet, die Eigenschaften „sehr groß" und „sehr klein" durch Quadrierung der Wahrheitswerte für „groß" und „klein", so ist dies für sie offensichtlich nicht mehr der Fall.

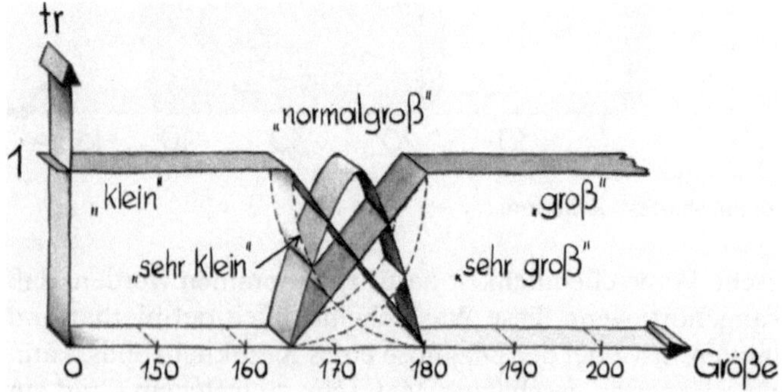

Abb. 9–3 Abgeleitete „unscharfe" Werte

Es ist hierbei wichtig zu erkennen, daß mit derartigen Manipulationen diese abgeleiteten Begriffe *definiert* werden: es ist natürlich keineswegs gesagt, daß wirklich der aus einer Meinungsumfrage ermittelte Grad, zu dem jemand als „sehr groß" bezeichnet wird, dem Quadrat des Wahrheitswerts für „groß" entspricht. Um diese Willkürlichkeit zu demonstrieren, haben wir in Abbildung 9-3 auch noch eine Wahrheitsfunktion für die Eigenschaft „normalgroß" als (umgangssprachlich) „nicht sehr groß und nicht sehr klein" definiert: der (willkürliche) Multiplikator wurde dabei als *Normierungsfaktor* nur eingeführt, damit zwischen 170 und 175 cm großen Menschen die Eigenschaft „normalgroß" mit einem Wahrheitswert von ungefähr 1 zugesprochen wird – wie es dem „Gefühl" entspricht.

„Unscharfes Schließen"

Wie verwendet man nun diese unscharfen und zu einem gewissen Grad auch willkürlichen Wahrheitswerte in einem Expertensystem, um mit ihnen einen ähnlichen, logischen *Inferenzmechanismus* realisieren zu können, wie wir ihn für die „scharfe" Logik bereits kennenlernten?

Ähnlich, wie man dort mit den logischen Operationen *und* und *oder* letzlich Regeln für die Klassenzugehörigkeit von Objekten aufstellt, werden auch in der unscharfen Logik „höhere" Eigenschaften, gegebenenfalls über mehrere Stufen, aus „tieferen" kombiniert. Dabei wird vorausgesetzt, daß die definierten tieferen Eigenschaften der Objekte entweder exakt zu messen oder zumindest einfacher abzuschätzen sind. Abbildung 9-4 zeigt dies am Beispiel der Eigenschaft „kreditwürdig". Es orientiert sich an den „elementaren" Eigenschaften, aus denen sich auch ein Experte für die Darlehensvergabe in einer Bank „ein Bild" über die Kreditwürdigkeit eines Bewerbers macht. Dabei sind einige, wie etwa der Immobilienbesitz oder das verbleibende Einkommen nach Abzug der Ausgaben ziemlich exakt bestimmbar. Die entsprechenden Wahrheitswerte, d.h. der Grad, zu dem die betreffenden Faktoren zur Etablierung der Kreditwürdigkeit beitragen, lassen sich deshalb leicht, etwa über eine Tabelle, festlegen und in das System eingeben.

Andere als elementar betrachtete Eigenschaften, wie etwa „ökonomisches Denken" oder „Motivation", sind wesentlich schlechter zu quantifizieren. Ein Expertensystem zur Prüfung von Kreditanträgen wird deshalb zweckmäßig die hier anzunehmenden Gradbewertungen von einem menschlichen Kreditbearbeiter erfragen, der einen Eindruck von diesen Eigenschaften des Kreditbewerbers gewonnen hat.

Es verbleibt aber die Frage, wie der Inferenzprozeß nun wirklich abläuft, das heißt, wie das System die Wahrheitswerte für die Einzeleigenschaften zu der gewünschten Bewertung der Zieleigenschaft „Kreditwürdigkeit" kombiniert. Da *und* und *oder* nur für die Wahrheitswerte der Logik *wahr* und *falsch* definiert sind, müssen hier „unscharfe" Äquivalente für sie gefunden werden. Mit diesen muß der bei der Konstruktion des Expertensystems beratende Kreditsachverständige seine Kreditvergaberegeln formulieren können, ebenso wie es der Experte in einem „scharf definierten" Wissensgebiet mit den logischen Operatoren *und* und *oder* tun kann.

Bei der Definition der entsprechenden Elementaroperationen für die unscharfe Logik sollte man sich möglichst eng an die klassische Logik anlehnen. Das ist nicht

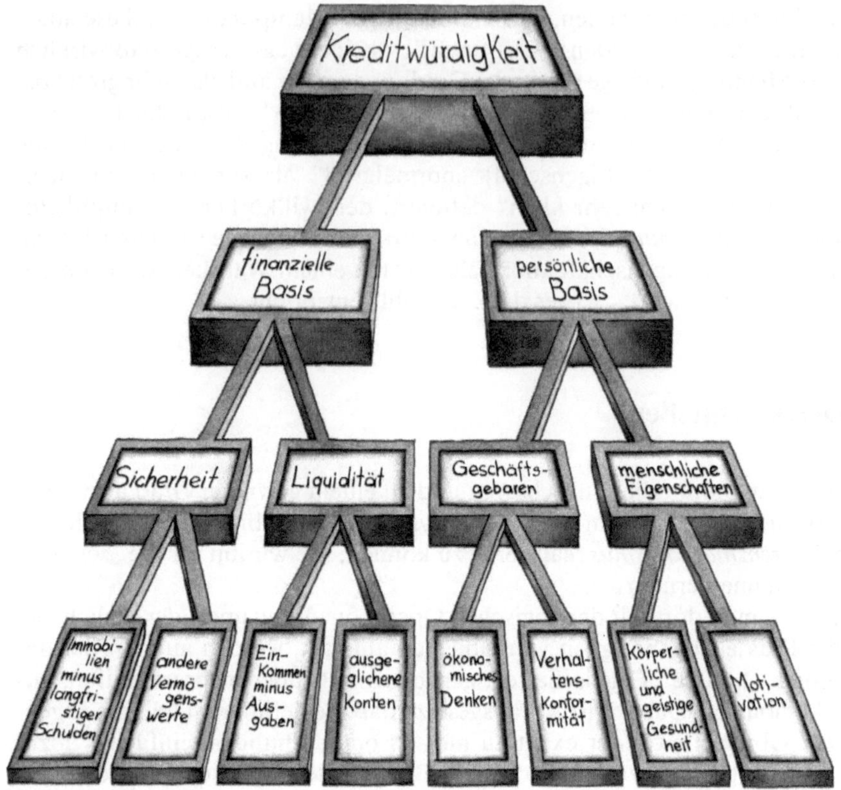

Abb. 9–4 Kreditwürdigkeit ist eine Kombination „unscharfer" Fakten

nur bequem, weil man dann in der Konstruktion der Inferenzmaschine am wenigsten ändern muß. Es ist sogar unbedingt zu fordern, daß die *fuzzy logic* kontinuierlich in die gewohnte, zweiwertige übergeht, wenn die Eigenschaften zunehmend „schärfer" definiert werden können, d.h. wenn sich die im zweiten Beispiel von Abbildung 9–4 schräge Übergangszone immer mehr zu der scharfen senkrechten Trennungslinie zwischen „wahr" und „falsch" „aufsteilt".

Die einfachsten Definitionen für ein „unscharfes" *und* und *oder* sind das *Minimum* und das *Maximum* der miteinander zu verbindenden Wahrheitsfunktionen. Wie man sich leicht überzeugt, hat

und (tr1, tr2) = Min (tr1, tr2)

den Wert 0, d.h. *falsch*, wenn entweder *tr1* oder *tr2* den Wahrheitswert *falsch* haben, und *wahr*, d.h. 1, nur dann, wenn beide Operatoren ebenfalls *wahr* sind. Dagegen genügt es für die Wahrheit von

oder (tr1, tr2) = Max (tr1, tr2),

wenn entweder *tr1* oder *tr2* den Wert 1 hat. Für beide Operationen gelten dann also für die Grenzwerte die gewohnten Regeln der klassischen Logik.

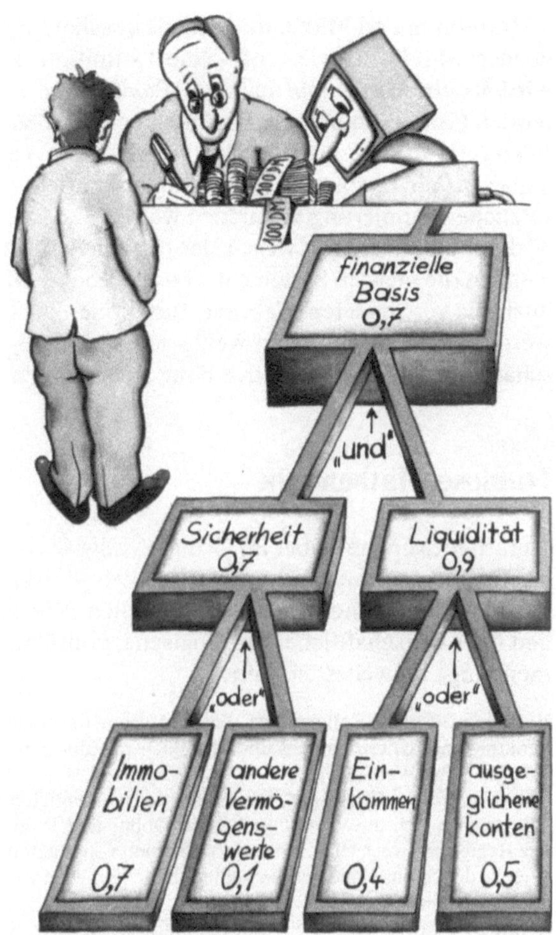

Abb. 9-5 Ableitung der finanziellen Basis aus Sicherheit und Liquidität

Akzeptiert man diese Interpretation für die unscharfen logischen Operationen *und* und *oder*, so zeigt Abbildung 9-5 als Beispiel eine Berechnung des „Grades der finanziellen Basis" für die schon in Abbildung 9-4 gebrachte „Kreditwürdigkeit". Hierbei ist angenommen, daß der Kreditexperte ausgesagt hat,

die finanzielle Basis ergebe sich aus Sicherheit *und* Liquidität, wobei er für die Sicherheit den Immobilienbesitz *oder* andere Vermögenswerte und für die Liquidität das verbleibende Einkommen *oder* über längere Zeit stets ausgeglichene Konten als Beurteilungsmaßstab heranziehe.

Wenn also für einen Kreditbewerber auf unterster Stufe für die Elementarkriterien die in Abbildung 9-5 gezeigten Werte als Grad ermittelt wurden, werden für die mit *oder* bezeichneten Bewertungen auf zweiter Stufe jeweils die Maximalwerte der beiden Komponenten übernommen. Dagegen verlangt die Forderung nach Sicherheit *und* Liquidität die Annahme des niedrigeren Werts für die Sicherheit als Grad für die anzunehmende finanzielle Basis.

Minimum und Maximum sind als unscharfes Äquivalent zu *und* und *oder* jedoch ebenso willkürlich wie – oft – die Definition der Wahrheitsfunktionen. Zuweilen wird als unscharfes *und* auch das *Produkt* und als *oder* die *Summe* der zu verknüpfenden Grade genommen. Dies hat aber den Nachteil, daß der Wahrheitswert einer *oder*-Verknüpfung auch größer als 1 werden kann; wegen des geforderten Übergangs auf die Logik bei scharfen Eigenschaften muß dies dann durch irgendeine zusätzliche Normierung vermieden werden.

Deshalb, und auch wegen der einfachen Realisierung in einem Computer, verwenden die meisten Systeme die beschriebene *Minimum-Maximum-Konvention*. Da auch die verwendeten Wahrheitsfunktionen in der Regel recht willkürlich definiert werden, macht es ohnehin wenig praktischen Sinn, mit diesen tatsächlichen, „unscharfen" Größen eine fiktive hohe Rechenpräzision realisieren zu wollen.

Dubiose Mathematik

Derartige „genaue", aber im Grunde völlig fiktive Zahlenangaben finden sich leider häufig in einem Anwendungsbereich, wo gerade Praktiker in Wirtschaft und Politik besonders dringend Expertisen brauchen. Wir meinen hier Wissen und Vorhersagen über wirtschaftliche, soziologische, politökonomische und ökologische Zusammenhänge im weitesten Sinn:

Wie beeinflussen die allgemeine Wirtschaftslage und unternehmensspezifische Parameter den Aktienkurs eines Unternehmens über das nächste halbe Jahr?
Wie geht eine Wahl aus?
Wie wird die Nachfrage auf eine Preisänderung reagieren?
Wie werden sich die Wechselkurse von Dollar und Pfund gegen Mark aufgrund von Ereignissen wie Regierungswechseln, Zahlungsproblemen von Staaten oder Außenhandelsbilanzen verändern?
Wie wird sich das Waldsterben weiterentwickeln, wenn welche Maßnahmen getroffen oder unterlassen werden?
Soll man sich für ein unbeliebtes Atomkraftwerk oder ein Schadstoffe ausstoßendes Kohlekraftwerk entscheiden?

Es liegt nahe, hier Expertensysteme einzusetzen, da es für alle bei solchen Fragen eine Rolle spielenden Daten und Zusammenhänge inzwischen umfangreiche mathematische Modelle gibt. Da sie in der Regel – wegen der vielen in einem vernetzten System relevanten Einflußfaktoren und Abhängigkeiten – sehr komplex sind, liegt es nahe, diese Modelle auf Computern zu programmieren. Tatsächlich war schon vor etlichen Jahren das *Weltmodell* des *Club of Rome* eines der ersten derartigen Expertensysteme, das die ökonomisch-ökologische Zukunft unseres Planeten in Abhängigkeit von zahlreichen Parametern extrapolieren sollte. Es wurde bekannt vor allem dadurch, daß es weitgehend unabhängig von diesen Parametern ein kommendes Desaster prognostizierte. Es verschwand dann jedoch relativ plötzlich wieder aus der Presse und der allgemeinen Diskussion – angeblich, nachdem das Auffinden und Beheben eines Programmierfehlers das Desaster nicht mehr auftreten ließ, und das Modell damit für die Öffentlichkeit uninteressant geworden war.

Wie dem auch sei: daß man Expertensysteme wie alle andere Software sorgfältig prüfen und testen und daß man ihre Ergebnisse nicht blind glauben, sondern nachvollziehen können muß – das haben wir inzwischen gelernt. Und wenn der Club of

Rome tatsächlich beides nicht getan haben sollte, wäre dies zwar bedauerlich, spräche aber nicht gegen die Modellierung und Simulation von Welt- (oder Weltausschnitts-)Systemen und deren Benutzung zur Diagnose und Prognose künftiger Entwicklungstendenzen, seien es nun Katastrophen oder nicht.

Das Problem mit der mathematischen Modellierung der sozialen, wirtschaftlichen und ökologischen Umwelt liegt vielmehr woanders:

- Mathematische Modelle mit vielen Parametern, die alle sowohl in ihrer absoluten Größe als auch in ihren Wechselbeziehungen eine gewisse statistische Unsicherheit aufweisen, sind an sich schon komplex genug. Es ist fraglich, wieviele Autoren sich auch noch der Mühe unterziehen wollen und können, mit statistischen Methoden der Fehlerfortpflanzung zu ermitteln, wie exakt die als Resultate der Berechnungen erhaltenen Werte denn nun wirklich sind.

- Selbst wenn wir einmal unterstellen wollen, daß diese Unsicherheit klein gehalten werden kann, und daß erst recht keine Programmfehler die Ergebnisse verfälschen, steht diese Anwendung mathematischer Modellierungsmethoden als solche wissenschaftstheoretisch auf sehr schwankender Grundlage. Die meisten soziologisch-politischen Systeme sind nämlich *Annahmesysteme*, das heißt das System selbst wird durch die Annahmen beeinflußt, die man über es macht. Dies gilt insbesondere, wenn relativ kleine numerische Differenzen entweder große Auswirkungen haben, wie etwa bei Wahlen, oder Selbstverstärkungs-Mechanismen einleiten können, wie beim zeitlichen Verlauf von Börsenkursen.

Der letzte Punkt muß etwas ausführlicher erläutert werden, weil er sowohl von zentraler Bedeutung für die Glaubwürdigkeit solcher Expertensysteme als auch strittig ist.

Es leuchtet unmittelbar ein und wurde auch in vielen Fällen tatsächlich beobachtet, daß das Bekanntwerden einer Umfrage oder einer Expertenmeinung über ein soziologisches Phänomen dieses selbst beeinflußt. Wird „bekannt", daß ein Wahlkandidat für ein Amt (nicht zu stark) hinter seinem Gegenkandidaten zurückliegt, mobilisiert diese „Annahme" seine Anhänger und verleitet die seines Gegners zur Vernachlässigung des Wahlakts, so daß dies den Wahlausgang umkehren kann. Und jede Bank fürchtet den „Run", der, durch die „Annahme" ihrer Zahlungsunfähigkeit ausgelöst, diese erst eintreten läßt.

Also, so lautet die Kritik, ist es nicht sinnvoll, derartige „Annahmesysteme" mathematisch zu modellieren. Denn das Ergebnis der Modellierung, wie immer es aussehen mag, schafft eine neue Annahme, die ihrerseits wieder das System und sein Modell beeinflußt, dadurch zu einer neuen, anderen Ergebnis-Annahme führt, und so fort.

Der bereits im vorigen Kapitel in anderem Zusammenhang erwähnte Nobelpreisträger, *H.A. Simon*, führte nun 1954 gegen diesen Einwand ein auf den ersten Blick sehr elegantes, mathematisches Argument ins Felde. Er benutzt dazu den sogenannten *Browerschen Fixpunktsatz*. Dieser postuliert für eine kontinuierliche Funktion $f(x)$ einer kontinuierlichen Variablen x die Existenz mindestens eines „Fixpunkts" p mit $f(p) = p$, sofern nur $f(x)$ und x die gleichen erlaubten Wertebereiche haben.

Simon betrachtet das Beispiel einer Wahl zwischen zwei Kandidaten X und Y. x sei der Stimmenanteil für den Kandidaten X, der natürlich zwischen 0 und 100% liegen muß. Nun definiert er eine *Reaktionsfunktion* $f(x)$ als denjenigen Prozentsatz der Stimmen, die X tatsächlich bekommt, wenn eine Stimmenzahl von x für ihn angenommen wird; auch $f(x)$ liegt natürlich zwischen 0 und 100%.

Da es laut Fixpunktsatz nun einen Prozentanteil p gäbe, für den die Reaktionsfunktion $f(p)$ nach obiger Formel den genau gleichen Stimmenanteil für X ergibt, sei dieser „Fixpunkt" die Stimmenzahl, die auch nach ihrem Bekanntwerden das Wahlergebnis nicht mehr ändert und deshalb vom einem mathematischen Modell ohne Rückwirkung auf den tatsächlichen Wahlausgang ermittelt werden kann.

Wenn diese Argumentation Ihnen nicht plausibel vorkommt – dann haben Sie völlig recht. Sie ist sogar schlichter Unfug. Der *Browersche Fixpunktsatz* ist ein Satz aus der Zahlentheorie und hat die dort auch erfüllte, fundamentale Voraussetzung, daß die Zahlen und betrachteten Funktionen über ihnen kontinuierlich sind. Seine Gültigkeit auch für ganz andere Gebiete wie soziologische oder wirtschaftliche Phänomene zu behaupten, die diese Eigenschaft nicht aufweisen, ist durch nichts zu rechtfertigen. Dies zeigt schon eine ganz einfache Betrachtung.

Nehmen wir an, die Reaktion auf die Annahme des Unterliegens eines Kandidaten X betrage ein Prozent (wobei es hier auf die absolute Größe dieses Werts nicht ankommt), das heißt, daß hierdurch ein Prozent der Wähler entweder mobilisiert wird, X zu wählen, oder die beabsichtigte Wahl von Y unterläßt. Und nehmen wir weiterhin an, das von jeder Voraussage unbeeinflußte Ergebnis wäre ein knappes Unterliegen von X mit $x = 49{,}5\%$ der Stimmen gewesen. Dann ist der tatsächliche Wahlausgang nach Bekanntwerden dieser Annahme $p = x + 1 = 51{,}5\%$ der Stimmen und damit der Sieg des Kandidaten X. Dieser „Fixpunkt" ist aber keiner. Denn geben wir ihn bekannt, kommt die Reaktion von 1 dem Gegenkandidaten Y zugute, und prompt ist X wieder der Verlierer. Es existiert also keineswegs ein Fixpunkt, sondern die potentiellen Ergebnisse schwanken um die 50%, je nachdem, welcher Bewerber gerade als der wahrscheinliche Verlierer angenommen wird!

Falls es Ihnen Mühe macht, dieses „Oszillieren um den 50%-Wert" bei der Wahlentscheidung für den einen oder anderen Kandidaten nachzuvollziehen, dann hilft es Ihnen sicher, wenn Sie versuchen, die folgende Frage korrekt mit *ja* oder *nein* zu beantworten:

Ist das nächste Wort, das Sie sagen werden, *nein*?

Je nachdem, was sie als richtige Antwort *annehmen*, müssen Sie genau diese Antwort immer wieder ändern: Sie sind in diesem Moment selbst ein *Annahmesystem* und empfinden hoffentlich genau das Dilemma, um das es hier geht. Und vor allem auch, daß das Problem mit „Mathematik" nichts zu tun hat.

Der Fehler in *Simons* Argumentation ist die offensichtlich falsche Annahme, daß man Variablen in soziologischen oder wirtschaftlichen Modellen als kontinuierlich veränderlich annehmen kann. Wie jeder Wirtschaftspraktiker weiß, der etwa als Folgen von geringen Preisänderungen einmal überhaupt keine und ein andersmal dramatische Änderungen im Absatzvolumen erlebt, entspricht dies nicht im geringsten der Realität.

Wir sind auf diesen Punkt deshalb so ausführlich eingegangen, weil er ein wichtiges Problem sehr deutlich zeigt: daß nämlich Mathematik gefährlich ist. Nicht, weil sie falsch ist, sondern weil sie wie jedes Werkzeug falsch benutzt werden kann. Eine elegant mathematisierte Theorie, was *Simons* verblüffende Anwendung des *Fixpunktsatzes* ohne jeden Zweifel ist, kann leicht eine derartige Überzeugungskraft gewinnen, daß sie den gesunden Menschenverstand ausschaltet. Das ist gerade dann schlimm, wenn diese mathematischen Modelle auch noch als Expertensysteme in Computer verpackt werden, wo sie und ihre Ergebnisse schließlich niemand mehr nachprüfen kann. Wir möchten Sie mit diesem Beispiel ermutigen, trotzdem Ihre Skepsis nicht zu verlieren, auch gegenüber Nobelpreisträgern!

Literaturhinweise

Die Kritik am zu großen Vertrauen in die mathematische Modellierung soziologischer, wirtschaftlicher oder politischer Systeme übernahmen wir aus

Karl Egil Aubert, **Spurious Mathematical Modelling**, Mathematical Intelligencer **6**, No. 3 (1984), S. 54.

Die Anwendung des *Fixpunktsatzes* zur Rechtfertigung der mathematischen Modellierung auch bei *Annahmesystemen* ist in

H.A. Simon, **Bandwaggon and Underdog Effects in Election Predictions**, Public Opinion Quarterly **18** (1954), S. 245

veröffentlicht.

Die gemeine ja/nein-Frage am Schluß des Kapitels fanden wir in

Martin Gardner, **Gotcha – Paradoxes to Puzzle and Delight**, W.H. Freeman & Comp., San Francisco (1982).

Dies ist ein sehr empfehlenswertes, leicht und kurzweilig lesbares Buch über logische Paradoxien. Es erklärt einen wichtigen Teilaspekt der modernen Logik, auf den wir hier zwar nicht eingehen können, der aber für jeden zuweilen wichtig sein kann, der sie anwenden muß: den Begriff der „Metasysteme", in denen man logische Aussagen über logische Systeme selbst macht. Wenn Sie schon immer wissen wollten, ob die Behauptung „Alle Kreter lügen" stimmt, wenn sie ein Kreter selbst macht – hier erfahren Sie zwar nicht die Antwort, aber den tieferen Grund dieser klassischen Paradoxie, die schon Paulus in seinem Brief an Titus (1:12–13) erwähnt (aber offensichtlich ohne sie wirklich zu verstehen).

Die *fuzzy logic* stammt von *L.A. Zadeh.* Er beschrieb sie erstmalig in

L.A. Zadeh, **Fuzzy Sets**, Information and Control **8** (1965), S. 388.

Einen leichter verständlichen, einführenden Aufsatz über ihre Anwendungen zur Beschreibung von „gesundem Menschenverstand" finden Sie in

L.A. Zadeh, **Commonsense Knowledge Representation Based on Fuzzy Logic**, Computer **16**, No.10 (Oct. 1983), S. 61.

Eine umfangreiche Diskussion des einfachen Beispiels der Kreditprüfung findet sich in

H.J. Zimmermann und P.V. Zysno, **Ein hierarchisches Bewertungsschema für die Kreditwürdigkeitsprüfung im Konsumentenkreditgeschäft**, DBW **42**, Heft 3 (1983), S. 403.

Die Arbeit ist zugleich ein gutes Beispiel dafür, warum die „fuzzy logic" nicht von allen Mathematikern akzeptiert wird: Die dort berechneten „Gewichte" verlassen den Normierungsbereich einer Wahrscheinlichkeit, das heißt den Bereich zwischen 0 (oder -1) und 1. Dies erschwert das Verständnis ihrer Ableitung und ihre Interpretation. Dagegen ist unsere Ersetzung der logischen Operatoren über „Grade" durch Minimum und Maximum zwar grob, läßt sich aber zumindest mit ersten Abschätzungen der (mathematisch sauberen, in ihren Werten jedoch praktisch nicht berechenbaren) Lebesgue-Maße für Wahrscheinlichkeiten begründen.

Neue Software auf neuer Hardware

Noch Ende der 70er Jahre hatte die „künstliche Intelligenz" nahezu überall auf der Welt und besonders in Europa einen schlechten Ruf. Das galt nicht nur für Philosophen, die es als etwas Suspektes und vielleicht sogar Unmoralisches ansahen, im Zusammenhang mit Maschinen von *Intelligenz* zu reden.

Es galt auch für Naturwissenschaftler, die ein wenig auf die merkwürdigen Gestalten herabsahen, die sich mit diesem Fachgebiet beschäftigten, ebenso wie auf die merkwürdigen Ideen, die sie dabei produzierten. Mehrere davon waren auch tatsächlich merkwürdig. So erinnert sich einer der Autoren an einen Abend anläßlich einer Sommerschule vor inzwischen einem Vierteljahrhundert in Varenna am Comer See. Einige (wirklich) bedeutende Wissenschaftler diskutierten dabei ihre Pläne in diesem jungen Fachgebiet.

So wollte *Norbert Wiener* die Leichtmetallvorräte des Meeres ausbeuten, indem er einen „intelligenten Fisch" baute, der sich selbst reproduzieren können sollte – natürlich aus den Materialien, die er im Meer vorfand. Sobald genügend viele Nachkommen vorhanden wären, sollte dann die gesamte Fischfamilie an das Ufer zurückschwimmen, wo der Vater vorher ausgesetzt worden war. In einer inzwischen dort aufgebauten Aluminiumfabrik würden dann alle die Fische eingeschmolzen, bis auf ein paar, die man wieder aussetzen solle, um für die nächste Generation zu sorgen.

Freilich, es floß damals reichlich Grappa, und deshalb wurden die Pläne immer wilder und kühner. Und weil Grappa außerdem bekanntlich streitsüchtig macht, endete der Abend in einem heftigen Zank, ob und wie man den Papst davon überzeugen könne, daß man die intelligenteren von den vorgeschlagenen Produkten auch taufen müsse.

Zudem wurden für viele Jahre diese wilden Forschungsvorhaben auch noch – vor allem in den USA – primär aus den Militärhaushalten finanziert, was auch nicht gerade dazu beitrug, den Ruf dieses Wissensgebiets zu fördern. Und unter dieser ganzen Aura der Unseriosität und dem Verdacht der skrupellosen Scharlatanerie litt auch das Teilgebiet der Expertensysteme.

Daß es hier auch solide und anerkennenswerte Leistungen gab – einige wie *Mycin* und *Dendral* haben Sie in diesem Buch bereits kennengelernt – half nicht viel. Gilt eine Berufsgruppe erst einmal als unseriös, dann müssen darunter auch diejenigen ihrer Mitglieder leiden, die ordentliche Arbeit leisten.

Erst Anfang der 80er Jahre wandelte sich diese Einstellung. Sehr schnell und für viele völlig überraschend wurde das Gebiet der künstlichen Intelligenz und insbesondere der Bau von Expertensystemen akzeptiert, samt den vorher allenfalls als eine moderne Art Hofnarren an den Hohen Schulen und Forschungseinrichtungen geduldeten Fachspezialisten hierfür. Was war passiert?

Die Japaner hatten eine relativ kleine, aber hochqualifizierte Gruppe ihrer besten Informatiker, Programmierer und Hardware-Techniker aus verschiedenen Computerfirmen und Hochschulinstituten zusammengezogen und ihr den Auftrag gegeben, innerhalb von zehn Jahren eine neue Hardware- und Softwaregeneration zu schaffen, die *fünfte* in der gängigen Zählung. Zur Verblüffung der fasziniert (und, nach den japanischen Erfolgen in einer Reihe anderer Technologien, etwas geängstigt) zuschauenden amerikanischen und europäischen Fachspezialisten entwickelten sie eine radikal neue Konzeption. Deren Grundlage waren ausgerechnet die bis dahin belächelten Expertensystem-Ideen und die Programmiersprache *Prolog*.

Abbildung 10-1 skizziert nach *Kowalski* den wesentlichen Unterschied zwischen der traditionellen „europäisch-amerikanischen" und der neuen „japanischen" Sicht auf die Software-Entwicklung. Die bisherige Programmierung baute auf der Rechnerarchitektur auf, die um 1945 von dem Mathematiker *von Neumann* konzipiert wurde und die auch heute noch (fast) allen unseren Systemen, vom kleinen Taschencomputer bis zur Großrechenanlage, zu Grunde liegt.

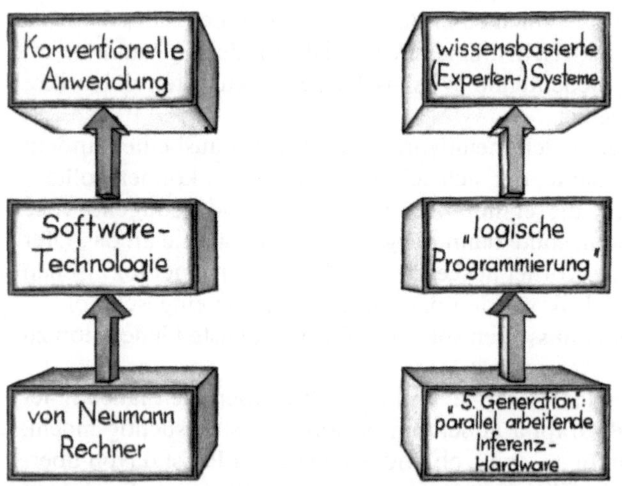

Abb. 10-1 Traditionelle und japanische Sicht der Softwareproduktion

Um 1945 dachte noch kaum jemand daran, daß man Computer auch für etwas anderes verwenden könnte als zum Rechnen – auch heute noch werden Sie zuweilen noch von Leuten hören, „Computer können nur mit Zahlen ...". Und wenn Sie sich anschauen, was vor allem öffentliche Institutionen ihren Mitmenschen an computergeschriebenen Abrechnungen und ähnlichen Formularen zumuten, kann man diese Meinung dem, der sie äußert, noch nicht einmal übel nehmen.

Weil damals allenfalls Leute wie *Turing* ahnten, daß man mit Rechenanlagen auch noch andere Symbole als Zahlen bearbeiten und andere Algorithmen als rein numerische ausführen können sollte, ist der *von Neumann-Rechner* eben primär auf das Zahlenrechnen ausgelegt. Zwar hat man inzwischen gelernt, wie man zum Beispiel auch Texte mit ihm verarbeiten kann, und wie man diese Textverarbeitung in Programmiersprachen einigermaßen effizient unterstützen kann. Aber weil unsere Rechner „eigentlich" doch immer auf Zahlenbasis operieren, ist es verhältnismäßig mühsam, auf ihnen moderne Anwendungen zu realisieren, die in vielen Fällen so gut wie keine numerischen, dafür aber komplexe logische Text- oder Bildverarbeitungsaufgaben lösen müssen.

Das führte dazu, daß inzwischen bis zu 90% der Datenverarbeitungskosten nicht mehr in die Hardware, sondern in die Software investiert werden müssen, daß Anfang der 70er Jahre jeder von einer *Softwarekrise* sprach, und daß zu deren Lösung die *Software-Technologie* als neue Ingenieurdisziplin aufkam. Nur der „Hacker" programmiert heute noch unmittelbar sein Anwendungsproblem „in den Rechner hinein", ein Vorgehen, das bis Anfang der 60-er Jahre noch ganz selbstverständlich war. Heute hält man es für ebenso selbstverständlich, daß Programme, wie andere industrielle Produkte, in einem komplexen Prozeß über zahlreiche *Projektphasen* hinweg geplant, entworfen, realisiert und getestet werden müssen – was sicher vernünftig ist – und daß hierbei die eigentliche Programmiersprache und der konkrete Rechner erst etwa in der zweiten Hälfte dieses Prozesses überhaupt als Beschreibungs- und Hilfsmittel verwendet werden sollen – was wesentlich schwerer zu verstehen ist.

Der Grund für diese Ansicht ist gerade die geringe Eignung der traditionellen Rechner und der für sie entwickelten Programmiersprachen zur Formulierung von Problemlösungen, die nicht reine „Rechenarbeit" sind. Ein Gutteil der modernen Softwaretechnologie ist nichts anderes als die Entwicklung, Einführung und Unterstützung von Ausdrucksmitteln, die in diesem Punkt besser sind und deshalb in der ersten Hälfte eines Softwareprojekts aufgabengerechter und deshalb verständlicher erscheinen als auch eine „problemorientierte" Programmiersprache. Ist die *Logik* einer Aufgabe und ihrer Lösung mit diesen Mitteln erst einmal beschrieben, dann erst sollen ihre Umsetzung in ein Programm und dessen *Test* auf der Objektmaschine erfolgen.

Soweit zur traditionellen Sicht des Programmierproblems. Aus verschiedenen Forschungsansätzen zu einer Verbesserung der Situation durch die Einführung von „nicht-von Neumann"-Rechnerstrukturen entwickelten die Japaner nun eine neue Idee, welche die rechte Seite der Abbildung 10-1 zeigt:
- Weil moderne Anwendungen nicht (nur) Zahlen sondern allgemeiner *Wissen* be- und verarbeiten, sollen sie grundsätzlich als *wissensbasierte Systeme* realisiert werden – im wesentlichen ein anderer (und vermutlich besserer) Ausdruck für „Expertensystem".
- Für den Entwurf und die Realisierung der Systeme sollen von vornherein dafür besser geeignete Sprachen benutzt werden, wie etwa das uns schon bekannte *Prolog*. An die Stelle der traditionellen *Softwaretechnologie* tritt damit eine *logische Programmierung*.
- Und weil sich diese Sprachen auf *von Neumann*-Rechnern nicht besonders effizient implementieren lassen, soll als „fünfte Computer-Generation" eine neue Hardware entwickelt werden, deren Grundoperationsvorrat nicht mehr auf die Numerik ausgerichtet ist, sondern auf die Logik – ein Rechner dieser *fünften Generation* besteht aus einem mehr oder minder komplexen System von *Inferenzmaschinen*.

Das also ist das japanische Konzept. Es ist sehr anspruchsvoll, und es wird sich sicher nur mit Kompromissen realisieren lassen. Vermutlich wird es die traditionelle Rechnerarchitektur und die traditionelle Softwaretechnologie nicht völlig ersetzen. Aber, daß es beide wesentlich befruchten wird, das zeichnete sich schon wenige Jahre nach seiner Ankündigung ab.

Der GIPS-Computer

Die neue Hardware wird entwickelt, um auf ihr effizienter *logisch* programmieren zu können als auf der gewohnten. „Effizienter" bezieht sich hier nicht nur auf den Prozeß der Softwareerstellung durch Programmentwickler – auf diesen Aspekt wollen wir im folgenden Abschnitt noch kurz eingehen. Es bezieht sich auch und vor allem auf die Verarbeitungs- und Antwortzeiten, die auf diesen Rechnern erzielbar sind. Diese Zeiten sind bei modernen Anwendungen wie Expertensystemen besonders wichtig, denn hier handelt es sich durchwegs um Dialogsysteme, die in „Zusammenarbeit" mit einem menschlichen Experten Probleme lösen sollen. Dabei sind Wartezeiten schon von einigen Sekunden häufig sehr störend, weil sie den Gedankenfluß des Menschen hemmen und damit seine Leistung wesentlich senken. Und Verarbeitungszeiten von Stunden bis Tagen, wie sie bei vielen konventionellen Datenverarbeitungsaufgaben in *Stapelverarbeitung* noch üblich und durchaus erträglich sind – etwa bei der Fakturierung oder dem Druck von Kontoauszügen – wären für Expertensysteme undenkbar.

Abb. 10-2 Das LIPS

Wie schnell sind nun diese Computer der *fünften Generation*, und wie mißt man überhaupt die Geschwindigkeit einer *Inferenzmaschine*? Bei einem konventionellen *von Neumann*-Rechner ist die übliche Maßeinheit das *OPS*, eine *Operation pro Sekunde*, oder, bei der hohen Geschwindigkeit moderner Rechner, in der Regel das *MOPS*, das für eine Million Operationen in der Sekunde steht. Diese Operationen sind dabei die - hauptsächlich numerischen - Elementaroperationen des Rechners, wie etwa Additionen, bitweise Manipulation von Speicherworten und Wertvergleiche.

Für Rechner, deren Grundoperationen logische *Inferenzen* sind, wie sie für die Verarbeitung einer logischen Programmiersprache wie *Prolog* gebraucht werden, ist eine Variante dieser Maßeinheit sinnvoll. Es ist das *LIPS* - eine *logische Inferenz pro Sekunde*. Abbildung 10-2 veranschaulicht dieses Maß.

Eine Inferenz ist ein elementarer logischer Schluß, wie ihn die Abbildung oben zeigt. Wenn Sie für ihn eine Sekunde brauchen - was bei einem Menschen ungefähr zutreffen dürfte - dann leisten Sie ein *LIPS*. Weil Rechner auch hier schneller sind, werden, wie die Abbildung ebenfalls zeigt, Kilo-, Mega- und Giga-*LIPS*e definiert. Wie Sie vielleicht schon wissen, ist in der Datenverarbeitung ein „Kilo" nur ungefähr das Tausendfache der Grundeinheit. Nach dem Motto „darf es auch ein bißchen mehr sein" ist es genau das 1024-fache. Entsprechend ist ein Mega-*LIPS* (*MIPS*) auch ein bißchen mehr als eine Million und ein Giga-*LIPS* (*GIPS*) ein bißchen mehr als eine Milliarde *LIPS*.

Das Ziel der japanischen Hardware-Entwicklung ist die Leistung von einem *MIPS* für einen Arbeitsplatzrechner und einem *GIPS* für Großrechner. Gegenwärtige Implementierungen logischer Programmiersprachen auf klassischen *von Neumann*-Rechnern erreichen üblicherweise ein knappes *KIPS* auf kleinen Arbeitsplatz-Systemen bis zu vielleicht 100 *KIPS* für Großrechner. Hier zeigt sich, wie ungeeignet die klassische Hardware für die logische Programmierung und damit für Expertensysteme ist. Was die *fünfte Generation* der Hardware für diese nichtnumerischen Datenverarbeitungsaufgaben also bringen soll, ist rund gerechnet eine Leistungssteigerung um den Faktor 1000.

Deshalb gibt Abbildung 10-3 noch einen weiteren Vergleich: liegt das menschliche Leistungsvermögen im logischen Schließen um etwa ein *LIPS*, so muß man 32 Jahre lang pausenlos „Logik machen", um das zu schaffen, was der *GIPS*-Computer in einer Sekunde „erschließt".

Für die Sekundenleistung eines 1 *MIPS*-Arbeitsplatzrechners braucht der Mensch dann immer noch etwa elfeinhalb Tage. Nur gegen den kleinen herkömmlichen Computer sieht es nicht ganz so schlecht aus: 1 *KI* („Kilo Inferenzen") schaffen wir in etwas mehr als einer Viertelstunde!

Aber ebenso wie große Zahlen sind auch derartige Veranschaulichungen immer mit Vorsicht zu interpretieren. Wenn man - was leider oft getan wird - hieraus schließt, daß ein moderner, „intelligenter" Arbeitsplatzrechner jetzt hunderttausende von Geistesarbeitern brotlos macht, dann ist das schlichter Unsinn. Auch ein *wissensbasiertes* Datenvarbeitungssystem „denkt" nicht, und die „künstliche" Intelligenz ist keine menschliche. Das haben wir bereits im ersten Kapitel dieses Buchs als eines unserer Lernziele herausgestellt.

Und um dies zu begründen, sind wir in Kapitel 8 so gründlich auf das Problem der *Komplexität* eingegangen. Wenn Sie dort nochmals Abbildung 8-4 anschauen,

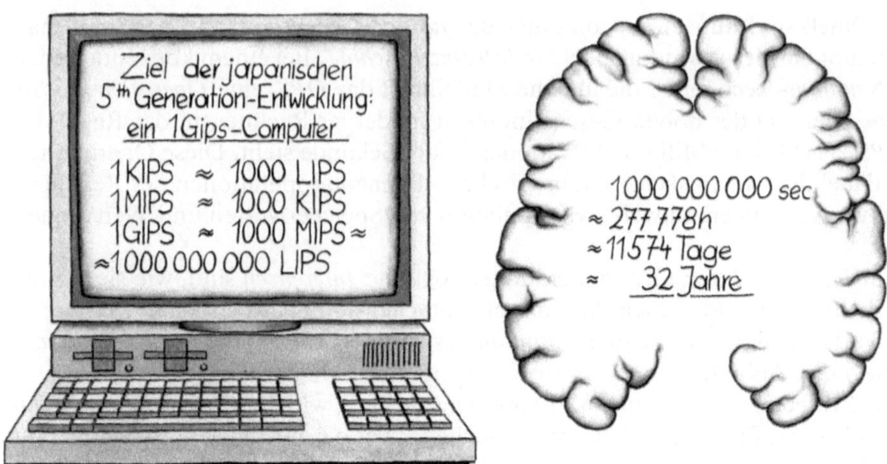

Abb. 10-3 KIPS, MIPS und GIPS

dann sehen Sie, wie schnell man bei komplexeren Problemen die Zehnerpotenzen „verbraucht", die der denkende Mensch mit gescheiten Heuristiken dann wieder einbringen muß. Auch ein Computer der fünften Generation ist immer noch ein Werkzeug. Es kann demjenigen viel helfen, der es intelligent benutzt, wird ihn aber nie ersetzen.

Und noch eine andere, beruhigende Einsicht kommt einem beim Überdenken dieser Tabelle. Wenn die von einem Expertensystem zu bearbeitenden Probleme so komplex werden, daß die einfachen Suchalgorithmen eines *Produktionssystems*, wie wir es besprachen, *kombinatorisch* oder *exponentiell explodieren*, dann „explodiert" vermutlich auch der *GIPS*-Computer -nur halt etwas später. Bei einem gescheiten heuristischen Ansatz reichen aber oft auch schon die paar *KIPS* eines etwas größeren, konventionellen Arbeitsplatzrechners zur Implementierung auch praktisch nützlicher Expertensysteme aus - eine Reihe konkreter Beispiele können dies belegen.

Besonders pointiert (was seine Spezialität ist) formulierte *Herb Grosch* diese Meinung auf dem Eröffnungs-Panel der ACM-Jahreskonferenz 1984 über die *Herausforderung der fünften Generation*:

„Der Kaiser ist nackt, von seinen Fußgelenken aufwärts. Alles was er trägt sind ein paar schwere Schuhe mit angesetzten Flügeln. Das sind alles einfach *Expertsysteme*, und die haben wir schon seit dreißig Jahren. Die künstlichen Intelligenz-Jungs haben nur ein neues Etikett draufgeklebt."

So daß wir vielleicht gar nicht unbedingt traurig sein müssen, wenn wir uns noch für einige Zeit mit Computern der vierten Generation begnügen müssen.

Expertensysteme für Software-Experten

„Revolutionen, die angesagt werden, sind keine mehr" hat irgendein kluger Mann einmal gesagt. Sie werden zu Perioden der Evolution, und so wird es auch wohl der radikalen Umwälzung der Datenverarbeitung gehen, die Abbildung 10-3 ausdrückt. Was das Projekt der *fünften Generation* viel eher bringen wird, ja schon gebracht hat, zeigt Abbildung 10-4: traditionelle Anwendungen profitieren zunehmend von den modernen Techniken, auch wenn sie mit traditioneller Softwaretechnologie auf traditionellen Maschinen implementiert werden. Wissensbasierte Systeme werden zu einem Standard-Hilfsmittel, wie etwa früher Sprachübersetzer, Datenbanken oder TP-Monitore. Sie dienen einerseits dem Softwareentwickler selbst als Werkzeuge, etwa als Projektbibliothekssysteme und für die Spezifikation von Lösungen oder den Bau von Prototypen zur Demonstration beim Endbenutzer. Zuweilen handelt es sich dabei sogar nicht mehr um Prototypen, sondern schon um das endgültige Produktionssystem – der Anwender braucht dann gar nicht zu wissen, daß die Software, mit der er arbeitet, „in Wirklichkeit" ein Expertensystem ist. Vor allem aber werden die *wissensbasierten* Techniken der *logischen Programmierung*, die zuerst in Expertensystemen erprobt wurden, zunehmend in das Repertoire jedes qualifizierten Softwareentwicklers übernommen.

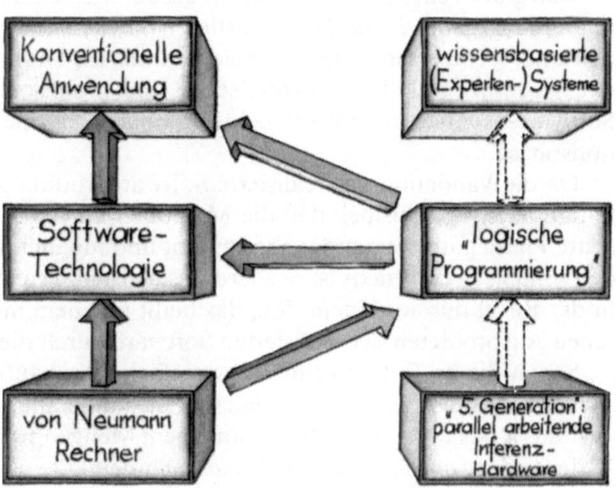

Abb. 10-4 Die Weiterentwicklung der traditionellen Softwaretechnologie

So verliert der Gegenstand dieses Buchs mit der *fünften Generation* der Datenverarbeitungsanlagen den Charakter eines Spezialgebiets und wird zur Alltagstechnologie. Darüber wollen wir zum Abschluß noch ein wenig reden.

Wie Sie sicher wissen, besteht ein wesentlicher Unterschied zwischen der Erstellung eines Programms durch einen einzelnen Programmierer, sei es nun der forschende Wissenschaftler oder der *Hacker* am Hobbycomputer, und der Auftragsfertigung von Software durch ein Team, wie es etwa bei einem DV-Hersteller oder einem größeren kommerziellen oder institutionellen Anwender geschieht. Während der für sich allein arbeitende Einzelprogrammierer seine Software oft „direkt in die Maschine hineinschreibt", entsteht professionelle Software in einem längeren Prozeß, ähnlich dem, den wir auch aus der Entwicklung anderer hochwertiger technischer Industriegüter kennen.

Jede software-fertigende Organisation hat inzwischen ein *Phasenmodell* eingeführt, welches die Arbeitsschritte bis zur Installation und zum Betrieb des fertigen

Programms im einzelnen festlegt, einschließlich der Methoden und Werkzeuge, die in jeder der Projektphasen eingesetzt werden sollen. Im Detail sind solche Phasenmodelle sehr unterschiedlich. Für unsere Zwecke reicht jedoch eine grobe Aufteilung, die sich überall wiederfindet, allerdings in der Regel durch zahlreiche Unter-Phasen verfeinert.

Diese Grobaufteilung ist durch die drei grundlegenden, aufeinander aufbauenden (allerdings sich auch meist überlappenden) Aktionen gegeben, die schon der „gesunde Menschenverstand" als notwendig und sinnvoll suggeriert. An die

(1) *Spezifikation,* in der das zu bearbeitende Problem analysiert und seine Lösung beschrieben wird, schließt die

(2) *Realisierung* dieser Lösung als Datenstrukturen und Computerprogramme an. Schließlich soll eine

(3) *Validierung* sicherstellen, daß die so erstellte Software auch den spezifizierten Vorgaben entspricht.

Nun gibt es ein Phänomen, das oft als der *Methodenberg* bezeichnet wird: für die mittlere Phase der *Realisierung* existieren bereits viel mehr gute, anerkannte Methoden und Werkzeuge als für die beiden anderen. Deshalb konzentriert sich derzeit ein wesentlicher Teil der theoretischen und praktischen Arbeiten im Bereich der Software-Technologie auf die beiden „Täler", die Spezifikations- und die Validationsphase.

Da die Validation das realisierte Softwareprodukt gegen die Spezifikation prüfen muß, ist es plausibel, daß die Methoden und Werkzeuge für die erste und die dritte Phase gut aufeinander abgestimmt und möglichst zusammen entwickelt werden sollten. In der Praxis ist es allerdings meist noch anders: die Validierung besteht in der Regel nur aus einem *Test,* das heißt in einem mehr oder weniger systematischen Ausprobieren der realisierten Software durch die Programmierer.

Schon dieser Test ist keineswegs einfach. Die häufig von Laien geäußerte Ansicht, der Tester müsse „alle möglichen Zustände und Eingaben seines Programms austesten", scheitert in der Praxis an einem Mengenproblem: wir laufen hier in eine Variante der *kombinatorischen Explosion* hinein, die wir ja bereits in Kapitel 8 kennenlernten. Wobei man nicht vergessen darf, daß es nicht reicht, die Programme nur einfach mit den jeweiligen Vorbesetzungen und Testdaten ablaufen zu lassen. Wie jeder Tester aus Erfahrung weiß, ist der mit Abstand zeitaufwendigste Teil der Arbeit der Vergleich der erhaltenen Ergebnisse mit den zu erwartenden, richtigen. Und dann natürlich die Diagnose und Behebung der Programm- und Entwurfsfehler, welche die aufgetretenen Abweichungen verursachen.

Das Geschick des Testers besteht darin, die beschränkte Menge von *Testfällen,* die er im Rahmen der verfügbaren Zeit nur ausprobieren kann, so zu wählen, daß die Ausbeute an gefundenen Fehlern möglichst groß und der Aufwand für das Aufspüren ihrer Ursache möglichst klein wird.

Wie man diese Arbeit grundsätzlich unterstützen kann, demonstrierte *Shapiro* mit einem originellen, wissensbasierten Werkzeug. In seinen *Algorithmischen Programm-Tester* wird ein Programm eingegeben. Das System testet dieses dann im Dialog mit dem menschlichen Tester aus. Es fragt ihn zuerst nach einigen Beispielen für Eingaben und Ausgaben des Programms. Diese probiert es aus. Stimmen die erwarteten und die tatsächlichen Ausgaben nicht überein, dann sucht das System mit verschiedenen heuristischen Strategien Programmkomponenten, die an dem

Fehler Schuld sein könnten, und erkundigt sich beim Tester nach dem Sinn dieser Komponenten: auch hier soll er wieder Beispiele für Ein- und Ausgaben liefern.

Auf diese Weise tastet sich das Testsystem durch das Programm, bis es schließlich eine fehlende, überflüssige oder falsche Anweisung gefunden hat. Diese *repariert* es dann und überprüft die geänderte Fassung des Programms.

Wichtig ist nun, daß es sich alle früheren Eingaben des Benutzers gemerkt hat. Deshalb muß es den Benutzer jetzt allenfalls noch nach neuen Beispielen fragen, nicht aber ihn die alten wiederholen lassen. Dieser schrittweise Aufbau einer Wissensbasis über das gewünschte Verhalten des zu testenden Programms sowie die heuristischen Strategien zur Fehlersuche und -behebung machen *Shapiros* System zu einem echten *Expertensystem für den Softwaretest* oder zumindest zu einem Modell hierfür. Denn leider stellt es noch sehr einschränkende Anforderungen an die benutzte Programmiersprache; es kann nur *reine* Prolog-Programme testen, d.h. solche, die auf bestimmte, *Seiteneffekte* verursachende Sprachmittel verzichten.

Für diese Unterklasse von Programmen ist es aber von einer verblüffenden Leistungsfähigkeit. *Shapiro* demonstriert dies auf ausgefallene Weise: er übergibt seinem Testsystem einfach ein *leeres* Programm und erklärt ihm an Hand von Beispielen, es sei ein Sortierprogramm für eine Liste von Daten. Das Testsystem stellt denn auch prompt fest, daß das Nichtfunktionieren des Programms offenbar am Fehlen der Programmanweisungen liegt. Getreu seinen Strategien ergänzt es diese, und nach gar nicht so langer Zeit hat es die ursprünglich gar nicht vorhandene Software in ein Sortierprogramm „korrigiert"!

So amüsant dieses Testwerkzeug auch ist, den ernsthaften Softwaretechnologen kann es nicht befriedigen. Seine Kritik ist, daß das System das Programm nicht sauber gegen eine Spezifikation validiert, sondern es - sozusagen als automatisierter *Hacker* - mit einer Versuchs- und Irrtums-Strategie „hinbastelt".

Deshalb bemüht man sich um bessere Lösungen. Diese setzen natürlich voraus, daß man zuerst einmal, in der ersten Phase, die *Spezifikation* des gewünschten Softwareprodukts so exakt und *formal* hinschreibt, daß später, in der dritten, das realisierte Programm entsprechend exakt und formal gegen sie validiert werden kann.

Wie man am besten formal spezifiziert, darüber besteht zumindest in der Theorie weitgehend Einigkeit. Die Methode ist eine spezielle Form der *logischen Programmierung*: man schreibt für die verschiedenen Einsatzfälle eines Programms - oder eines Programmstücks, zum Beispiel einer Funktion - jeweils die *Vorbedingungen* und *Nachbedingungen* hin. Dabei beschreiben die Vorbedingungen, wie der Name andeutet, als logische Klauseln die Verhältnisse *vor* dem Ablauf des Programms, und die Nachbedingungen dementsprechend diejenigen nach seiner Ausführung.

Dann kann man, immer noch in der Theorie, zur Validation anstelle des Tests einen *Beweis* durchführen. Wenn es einem nämlich gelingt, mathematisch exakt zu beweisen, daß das Programm die Vorbedingungen in die Nachbedingungen überführt, dann kann man sich den ganzen Testaufwand sparen - samt dem Problem der kombinatorischen Explosion der Testfälle!

Für kleine Programme in „sauberen" Programmiersprachen wie Pascal geht das sogar zuweilen in der Praxis. Bei etwas größeren wird jedoch die menschliche Leistungsfähigkeit und Präzision überfordert. Aber viele Forschungsinstitute arbeiten daran, derartige *Programmbeweise* (halb-)automatisch durchzuführen. Diese Versu-

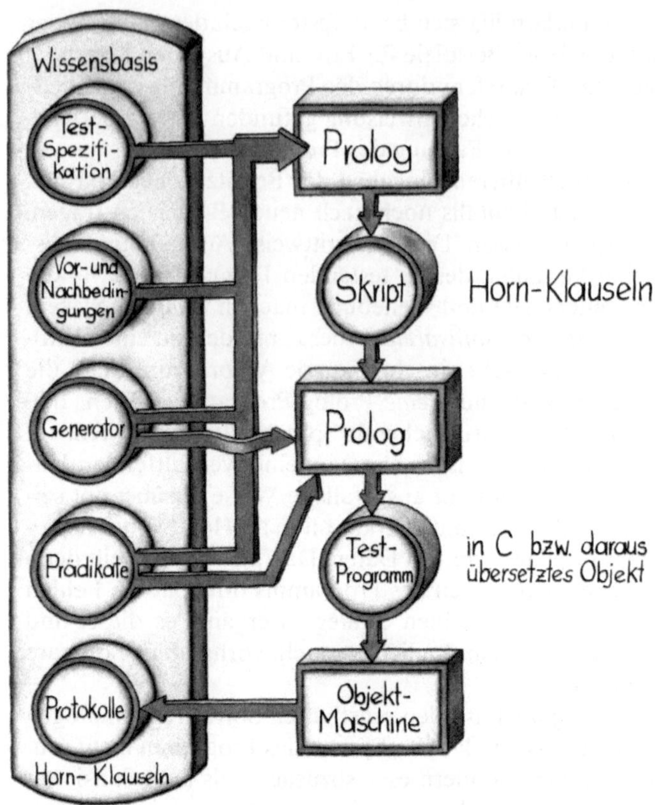

Abb. 10–5 Wissensbasierter Systemtest

che sind ein für die Zukunft vielleicht nützliches Teilgebiet der *Künstlichen Intelligenz*, und gehören damit am Rande zu unserem Thema.

Voll dazu gehört aber eine andere Möglichkeit, welche die Software-Spezifikation durch Vor- und Nachbedingungen für die Validation eröffnet. Man kann sie nämlich in die Wissensbasis einer anderen Variante eines *Softwaretest-Expertensystems* einbringen: eines Systems, dessen „Expertenwissen" gerade darin besteht, wie man sachgemäß Testfälle konstruiert und durchführt. Da die Nachbedingungen ja jeweils exakt beschreiben, wie die Ausgaben eines Programms aussehen müssen, wenn seine Eingaben den Vorbedingungen entsprechen, kann ein derartiges Expertensystem auch den zeitaufwendigen Ergebnisabgleich durchführen. Es kann dann den menschlichen Tester gezielt auf diejenigen Fälle hinweisen, in denen das realisierte Programm von der Spezifikation abweicht.

Freilich sind auch solche Systeme nicht trivial. Denn sie müssen ja, wie wir sahen, ebenfalls mit dem Problem der kombinatorischen Explosion fertig werden, und sie brauchen hierfür ähnliche heuristische Regeln, wie sie der erfahrene menschliche Software-Tester benutzt. Aber da diese zumindest teilweise formalisierbar sind, ist das wissensbasierte Testsystem immer noch weit einfacher zu realisieren als der formale Programmbeweis.

Gibt es im Jahre 2000 noch Expertensysteme?

Wenn Sie sich an den Anfang dieses Buchs erinnern, so gingen wir von den Schwierigkeiten der traditionellen Softwareentwicklung aus; vor allem von dem Problem, Anwendungs-Fachwissen und Computer-Erfahrung in einem Team zu vereinigen, um sinnvolle und zweckmäßige Datenverarbeitungs-Lösungen zu konzipieren und zu realisieren.

Den Ausweg aus diesem Dilemma sollte das Expertensystem eröffnen: als ein Konzept, Expertenwissen in einen Rechner einzubringen, das den Programmier-Spezialisten selbst zu schwierig zu vermitteln ist. Der letzte Abschnitt hat ihnen gezeigt, daß die Software-Experten nun sogar auf die Idee kommen, *ihr eigenes* Expertenwissen in wissensbasierten Systemen zu speichern und sich so selbst *Softwaretechnologie-Expertensysteme* als Werkzeuge zu bauen.

Dies legt eine Antwort nahe, und eine Frage:

Wenn Spezialisten eine Technik, die sie anderen empfehlen, auch selbst benutzen, dann ist das eine (beruhigende) *Antwort* auf die Frage, ob diese Technik denn was tauge.

Für den Laien ist es immer schwer zu entscheiden, ob er sich bei Einsatz eines neuen Verfahrens als „Versuchskaninchen" fühlen muß oder als Nutzer einer verbesserten Technologie. Das wird überzeugend beantwortet, wenn sich der Entwickler selbst in das Vehikel hineinbegibt, das er seinen Kunden verkaufen will.

Die *Frage* ist, ob ein etwas „exotisches" Fachgebiet nicht seine Identität verliert, wenn es zum *Paradigma* einer Technologie, zum *Stand der Kunst* aller Fachleute wird.

Vermutlich wird es so sein. Was wir heute *künstliche Intelligenz* (oder *Intelligenztechnologie* oder *Intellektik* oder ...) nennen, ist 1990 vielleicht einfach *moderne Softwaretechnologie*, zusammen mit einigen anderen Programmiermethoden und -techniken. Und ein *Expertensystem* ist die jedem Fachmann bekannte Konstruktion eines Softwaresystems für bestimmte Anwendungen – wie heute etwa ein *Compiler* für die Übersetzung von Computersprachen oder eine *Datenbank* zur Verwaltung großer Datenbestände.

Wenn es dann (hoffentlich) eine Neuauflage dieses Buches gibt, müssen wir (hoffentlich) im wesentlichen nur den Titel ändern. Und natürlich (hoffentlich) viele neue Beispiele bringen ...

Literaturhinweise

Die Gegenüberstellung von traditioneller und japanischer Sicht auf die Softwareentwicklung entnahmen wir einem Aufsatz eines der „Väter" der *logischen Programmierung*

R. *Kowalski*, **AI and Software Engineering**, Datamation **30**, No. 18 (Nov.1, 1984), S. 92.

Eine Menge von Fakten, aber auch von Meinungen über das japanische *Fünfte Generations*-Projekt finden Sie in

E.A. *Feigenbaum*, P. *McCorduck*, **The Fifth Generation – Artificial Intelligence and Japan's Computer Challenge to the World**, Pan Books, London and Sydney (1984).

Eine deutsche Fassung dieses Buchs ist unter dem Titel „Die fünfte Computer-Generation" bei Birkhäuser in Basel erschienen.

Das „Expertensystem für den interaktiven Programmtest" entstand als Doktorarbeit am *Massachusetts Institute of Technology*. Ihr Verfasser hat sie inzwischen als Buch veröffentlicht:

E.Y. Shapiro, **Algorithmic Program Debugging**, MIT Press, Cambridge, Mass. (1983).

Es enthält das gesamte System als Prolog-Programm – allerdings, wie der Autor selbst zugibt, als kein besonders gutes (er hat Prolog halt erst beim Schreiben der Arbeit gelernt). Sie sollten den Text also besser nicht als Stilfibel für Prologprogrammierer weiterempfehlen. Aber dafür als sehr an- und teilweise direkt aufregende Lektüre für Software-Technologen.

Anhang

I Kleines Lexikon der Schlagworte

Abteil (slot):
: Komponente eines Frames. Jeder Slot besteht dabei aus einem Slot-Namen, der den Slot identifiziert, und Slot-Values, welche die aktuellen Werte des Slot repräsentieren.

Actor Modell:
: Im Actor Modell von Hewitt werden alle Programmkomponenten als einzelne kleine Module (actors) aufgefaßt. Aufrufe und Sprünge in Programmen entsprechen dem Senden und Empfangen von Botschaften anderer Actors.

Agenda:
: Eine Arbeitsvorschrift für die noch zu bearbeitenden Aufgaben, Inferenzschritte oder Alternativen eines Expertensystems.

Aktive Regeln:
: Wird ein Wert verändert, so werden automatisch auch die Regeln aktiviert werden, die diesen Wert verwenden.

ATN (augmented transition network):
: Ein von Woods entwickelter, weit verbreiteter Formalismus für das Parsing natürlichsprachlicher Eingabe. Die ATN ist im Prinzip ein Graph, in dem abhängig von Wortkategorien und sonstigen Eigenschaften Kanten durchlaufen und Aktionen durchgeführt werden. Zur Aufnahme temporärer Strukturen werden dabei globale Register verwendet. Subnetzwerke können rekursiv aufgerufen werden. Wenn bei Satzende ein Endknoten erreicht wird, ist der Satz akzeptiert und gleichzeitig (durch die Aktionen) ist ein Strukturbaum des Satzes erzeugt worden. Der grundsätzliche Formalismus wurde verschiedentlich modifiziert und erweitert (kaskadierte ATN, semantische ATN).

Dämon:
: Ein Programm, das im Hintergrund arbeitet und mit dem der Anwender nicht direkt zu tun hat.

Deklarative Wissensrepräsentation:
: (Im Gegensatz zur prozeduralen Wissensrepräsentation.) Art der Wissensrepräsentation, bei der keine Angaben über die Entstehung und die Verwendung des Wissens enthalten sind. Ein Beispiel ist: „die Liste [1, 3, 6, 9, 30] ist sortiert".

Dialogkomponente:
Modul, Teil eines Expertensystems, der die Schnittstelle zwischen Benutzer und Expertensystem darstellt. Langfristig wird bei Beratungs- oder Konsultationssystemen eine natürlichsprachliche Interaktion angestrebt.

Direkte Wissensrepräsentation:
Art der Repräsentation, bei der die Darstellung von Wissen über einen Objektbereich nicht durch begriffliche Beschreibung desselben erfolgt, sondern durch strukturelle Beziehungen (Homomorphismus) zwischen dem Repräsentationsschema und dem Objektbereich. Beispiele wären Bilder, Landkarten, Diagramme oder Notenskalen.

Ellipse:
Als Ellipse werden Ausdrücke bezeichnet, die grammatisch unvollständig sind. Ein Beispiel sind Nachfragen wie „Und wer noch?". Die Ellipse bezieht sich meist auf die vorausgegangenen Aussagen.

Erklärungskomponente (explanation component):
Teil eines Expertensystems, das auf Anfrage erklärt, durch welche Regeln und Fakten Ergebnisse des Inferenzprozesses zustande gekommen sind, und warum bestimmte Aktionen durchgeführt wurden. Die Erklärungskomponente sollte mehrstufig sein, d.h. wenn der Benutzer an einer Stelle mehrmals die „Warum"-Frage stellt, muß sie z.B. die Schlußfolgerungskette aufrollen, oder auch auf verschiedenen Ebenen, beantwortet werden.

Erwartungsgesteuerte Inferenzen (expectation-driven reasoning):
Inferenzmechanismus, bei dem ausgehend von den aktuellen Fakten Hypothesen erzeugt werden und dann versucht wird, diese Hypothesen zu beweisen, bzw. zu widerlegen.

Expertensystem:
Computerprogramm, das Problemstellungen mit einer einem Experten vergleichbaren Leistung lösen kann, insbesondere in Bereichen, wo das Wissen diffus ist und in denen langjährige Erfahrung zur Lösung von Aufgaben benötigt wird. Expertensysteme werden aber auch da eingesetzt, wo die algorithmische Lösung zu umfangreich wird, z.B. bei Schach. Ein Expertensystem sollte folgende Komponenten besitzen:

```
- Dialogkomponente,
- Problemlösungskomponente,
- Erklärungskomponente,
- Wissensakquisitionskomponente,
- Wissensbasis, und
- Inferenzkomponente (entfällt bei
    PROLOG, da ein PROLOG-Interpreter
    selber eine Inferenzmaschine ist).
```

Fachbereichsexperte (domain expert):
Experte, der für seinen eigenen Fachbereich (z.B. Medizin, Finanzwissenschaft, Mineralienexploration) das Wissen in der Wissensbasis formuliert und aufbereitet.

Fokus:
Fokus einer Äußerung oder eines Dialogs ist das Ereignis, das Objekt, von dem die Äußerung oder der Dialog gerade handelt. In längeren Texten und in Dialogen verändert sich der Fokus im allgemeinen.

FRL (frame representation language):
Von R. B. Roberts und I. P. Goldstein entwickelte Sprache zur Wissensrepräsentation mit Frames als grundlegender Datenstruktur.

Hearsay-II-Architektur:
Inferenzsystem, das aus einer Reihe von unabhängigen, kooperativen Teilen besteht. Jede Wissensquelle (knowledge source) repräsentiert einen gewissen Wissensbereich und versucht Aufgaben innerhalb dieses Bereiches zu lösen. Die Kommunikation zwischen den Teilen erfolgt durch die Wandtafel, die die Teil- und Gesamtergebnisse aufnimmt.

Heuristiken:
Vorgehensweisen bei Problemen, für deren Lösung keine eindeutigen Lösungsstrategien bekannt sind. In erster Linie „Daumenregeln" auf der Grundlage subjektiver Erfahrungen und überlieferter Verhaltensweisen. Die Anwendung von Heuristiken ist vor allem in relativ unstrukturierten und schwer überschaubaren Problembereichen angebracht.

Hybridsystem:
System mit gemischten Formen der Wissensrepräsentation (Frame- und Regelbasierend), z.B. das Meta-System KEE.

Inferenzmaschine:
(Siehe Inferenzmechanismus)

Inferenzmechanismus (inference mechanism):
Gewinnt aus deklarativem und prozeduralem Wissen durch Anwendung von Inferenzregeln neues Wissen. Der Inferenzmechanismus ist die Komponente eines Expertensystems, welche die Schlußfolgerungen im System nach verschiedenen Strategien durchführt. Er betrifft die Frage, wie die Interaktion zwischen den einzelnen Komponenten abläuft, wie Werte übergeben werden, welche Komponente wann arbeitet. Ein Interpreter der Computersprache Prolog beinhaltet bereits einen mächtigen automatischen Inferenzmechanismus.

Instantiierung:
Die Bildung eines spezifischen Objektes als Ausprägung eines Objektes, das wiederum eine Klasse von Objekten mit bestimmten Eigenschaften beschreibt. In Prolog bezeichnet man ein Prädikat, dessen Variable Werte angenommen haben, als instantiiert. Ein instantiiertes Prädikat ist eine Ausprägung eines allgemein (mit Variablen) formulierten Prädikates. In der Wissensrepräsentation mit Frames bezeichnet man mit Instantiierung z.B. die Bildung des spezifischen Objekts „Wohnzimmer" aus dem Frame „Zimmer".

KLONE (knowledge language one):
Objektorientierte Wissensrepräsentations-Sprache, von R.J. Brachman entwickelt. Zentrale Datenstruktur ist ein Semantisches Netz in Form eines Structured Inheritance (SI-)Networks.

Konfliktlösung:
Bestimmung des Inferenzschrittes, der als nächster ausgeführt werden soll, wenn in einer bestimmten Situation mehrere Inferenzschritte gleichzeitig möglich sind.

Konsultationssystem:
Beratungssystem, das ausgehend vom Benutzerwunsch bzw. Beratungsziel, durch Anwendung seines Expertenwissens die Problemstellung zu lösen versucht, die Lösung dem Benutzer vermitteln und diese auch begründen kann.

Kontrollstruktur:
(Siehe Inferenzmechanismus)

KRL (knowledge representation language):
Von D. G. Bobrow und T. Winograd entwickelte Wissenrepräsentations-Sprache, die ebenso wie FRL stark rahmenorientiert ist, aber über wesentlich komplexere Funktionen zur Operation auf der Wissensbasis verfügt.

Künstliche Intelligenz (KI):
Die künstliche Intelligenz-Forschung befaßt sich damit, Systeme zu entwickeln, die Verhalten zeigen, das man bei Menschen als intelligent bezeichnen würde (Turing-Test). Hierbei kann einmal die Erforschung und möglichst exakte Simulation menschlichen intelligenten Verhaltens betrieben werden, es können aber auch Systeme entwickelt werden, deren intelligentes Verhalten auf anderen Methoden und Hilfsmitteln als den von Menschen benutzten beruht.

LIPS:
Anzahl logischer Inferenzen pro Sekunde. Maßeinheit für Inferenzmaschinen, Prolog-Interpreter, etc.

Logische Wissensrepräsentation:
Form der deklarativen Wissensrepräsentation, bei der Wissen in Form logischer Ausdrücke (z.B. Horn-Klauseln) dargestellt wird. Diese Ausdrücke werden als Axiome in die Wissensbasis aufgenommen. Zur Verarbeitung des Wissens dienen Inferenzregeln, mit deren Hilfe Beweisverfahren (z.B. Resolutionsverfahren von Robinson, Prolog-Interpreter) definiert werden können. Mögliche Schlußfolgerungen (Inferenzen) sind alle Ausdrücke, die mit Hilfe der Inferenzregeln aus diesen Axiomen ableitbar sind.

Meta-Regel:
Eine Regel, die beschreibt, in welcher Weise Regeln zur Anwendung kommen sollen, oder welche Regel zuerst angewendet werden soll.

Meta-System (expert system shell):
Ein Meta-System ist ein System, das Hilfsmittel zur Verfügung stellt, mit denen sich spezielle Expertensysteme entwickeln lassen. Ein Expertensystem, das – noch – keine Wissensbasis enthält, wird als Meta-System bezeichnet. Durch Einfügung des anwendungsspezifischen Wissens entsteht ein fertiges Expertensystem. Beispiele: Emycin, Expert, S1, KEE, ...

Meta-Wissen:
Wissen über das im Expertensystem vorhandene Wissen.

Mustergesteuertes Inferenzsystem:
Computerprogramm, bei dem bestimmte Muster, die in den Daten auftreten, bestimmte Programmteile aktivieren, die diese Daten modifizieren und erweitern. Dadurch entstehen neue Muster, die neue Programmteile aktivieren können. Einen Spezialfall bildet das Produktionssystem.

Mustervergleich (pattern matching):
Methode der KI, bei der aktuelle Daten mit bereits gespeicherten Daten verglichen werden. Außer der Feststellung der Übereinstimmung können Daten auch an Variable des Musters gebunden werden.

Planner:
Wissensrepräsentationssprache auf der Grundlage prozeduraler Repräsentation von C. Hewitt entwickelt. (Siehe auch Actor-Modell)

Procedural Attachment:
Methode der KI, bei der Fakten mit Prozeduren gekoppelt werden, die dann durchgeführt werden, wenn auf die zugehörigen Fakten in bestimmter Weise zugegriffen wird (Bei Rahmen (frames): Aktionen, die durchzuführen sind, wenn ein Slot gefüllt wird).

Produktionssystem (production system):
Ursprünglich von Post entwickelte, in der KI weiterentwickelte Form der Wissensrepräsentation, die auf der Idee der Produktionsregeln, das sind Regeln in der Form

```
wenn ... Bedingung --› dann ... Ergebnis

wenn ... Situation --› dann ... Aktion
```

aufbaut. Das klassische Produktionssystem besteht aus Produktionsregeln. Eine Produktionsregel wird angewandt, wenn die beschriebene Situation auftritt. Die ebenfalls in der Produktionsregel beschriebene Aktion wird dann vom Regelinterpreter ausgeführt. Viele Expertensysteme sind Produktionssysteme.

Prozedurale Wissensrepräsentation:
(Im Gegensatz zur deklarativen Wissensrepräsentation.) Art der Repräsentation, bei der die Wissensbasis aus einer Reihe von Prozeduren besteht. Das System weiß, wie dieses Wissen konstruiert, verknüpft und angewendet wird. Beispiel: „eine Prozedur für einen Quicksort-Algorithmus".

Rahmen (frame):
Art der Wissensrepräsentation, die deklarative und prozedurale Aspekte vereinigt. Zunächst von Minsky beschrieben für den Bereich der automatischen Bildverarbeitung und zurückgehend auf den Schema-Begriff der Psychologie, später in weiten Bereichen der Künstlichen Intelligenz eingesetzt. Ein Frame beschreibt ein Objekt zusammen mit all seinen zugehörigen Eigenschaften. Es enthält die wesentlichen Elemente einer Szene sowie ihre Beziehungen zueinander. Er besteht im wesentlichen aus seinem Namen und einer Reihe von

Slots mit ihren Fillers. Frames bilden die Grundlage einer Reihe von Sprachen zur Wissensrepräsentation (KR-Sprachen), wie etwa FRL, KRL. Analoge Formen zu Frames sind Units, Skripten, Situationen, Schemas, Prototyps, Property-Lists und Records.

Regel (rule):
Wissensdarstellung, die einen Zusammenhang z.B. in der Form darstellt:

wenn ... Bedingung --› dann ... Ergebnis

Ergebnis   ‹-- wenn ... Bedingung erfüllt

Rücksetzen (backtracking):
Das Rücksetzen auf die letzte Verzweigung (Entscheidungsknoten) und Verfolgen eines alternativen Lösungsweges, etwa bei Suchprogrammen. Backtracking ist z. B. in der Programmiersprache PROLOG implementiert.

Rückwärtsverkettung (backward chaining):
Inferenzmechanismus, bei dem vom Ziel ausgegangen wird und versucht wird, dieses durch Aufteilung in Subziele und Beweis dieser Subziele zu beweisen. Diese Vorgehen wird solange rekursiv wiederholt, bis elementare Fakten erreicht sind, die entweder vorhanden oder nicht vorhanden sind.

Semantische Primitive:
Elementare bedeutungstragende Einheiten in der jeweiligen Repräsentation, die nicht weiter in ihre Komponenten zerlegt werden.

Semantisches Netz:
Repräsentationsformalismus, bestehend aus Knoten, die durch gerichtete, markierte Kanten verbunden sind. Knoten repräsentieren üblicherweise Konzepte. Die Kanten geben die Relationen zwischen diesen an. Über Anzahl und Art der Knoten- und Kantentypen herrscht weitgehend Uneinigkeit, es gibt allerdings einige allgemein verwendete Typen, wie „Ist_ein" (Is_a) und „Teil_von" (Part_of). Die Struktur des Semantischen Netzes soll die assoziativen Verbindungen zwischen Fakten darstellen, um direkten Zugriff auf „benachbartes" Wissen zu ermöglichen. Aufgrund dieser Eigenschaft werden Semantische Netze auch als Assoziative Netze bezeichnet.

Shell (expert system shell):
(Siehe Meta-System)

Sicherheitsfaktor (certainty factor):
(Numerische) Bewertung der Sicherheit einer Aussage oder Schlußfolgerung, dient zur Repräsentation von Vagheit, Unsicherheit oder Unvollständigkeit von Fakten, Hypothesen und Schlüssen. Der certainty factor wird meistens nicht streng nach den Aussagen der mathematischen Wahrscheinlichkeit berechnet, sondern nach vom Wissensgebiet abhängigen Regeln gebildet.

Skript (script):
spezielle Form der Rahmen (frames), von R.P. Abelson und R.C. Schank entwickelt. Skripten repräsentieren stark standardisierte (stereotype), komplexe

Handlungsabläufe. Sie werden hauptsächlich im Bereich natürlichsprachlicher Systeme eingesetzt, und dienen der Ergänzung von implizit in Texten enthaltenem Wissen.

Speicherbereiniger (garbage collector):
Während der Durchführung eines Programms, das eine Listensprache verwendet, werden häufig viele Zellen, Listen und Listenstrukturen nicht länger benötigt. Der Speicherbereiniger ist ein Listenverarbeitungssystem, das Speicherplätze, die unnötige Information enthalten, an den Freispeicher zurückgibt.

Taxonomie:
Hierarchische Struktur der Fachbegriffe in einer Wissensdomäne (meist baumartig dargestellt).

Unifizierung (unification):
Binden einer Variablen zur Laufzeit der Prozedur an einen Wert durch Pattern Matching.

Unscharfe Logik (fuzzy logic):
Während die traditionelle Logik Formeln genau einen von zwei Wahrheitswerten zuordnet, werden in der unscharfen Logik mehr Werte verwendet (etwa alle Zahlen zwischen 0 und 1), um Ausdrücke und Formeln semantisch interpretieren zu können, die weder eindeutig wahr noch eindeutig falsch sind.

Vorbelegung (default):
Standardwerte, die immer dann Anwendung finden, wenn nichts anderes ausdrücklich spezifiziert wurde. Falls der Slot „Telefonnummer" bei einem Angestellten einer Firma nicht gefüllt ist, wird als Vorbelegung die Telefonnummer seiner Firma angenommen. Weil wir wissen, daß Vögel fliegen können, setzen wir dies automatisch bei jedem Vogel voraus, es sein denn, es handelt sich um Pinguine oder Strauße.

Vorwärtsverkettung (forward chaining):
Schließt man von der Anfangssituation auf die Endsituation, so nennt man das Vorwärtsverkettung. (Siehe auch Rückwärtsverkettung.)

Wandtafel-Modell (blackboard model):
Globale Datenstruktur, die alle Ergebnisse, Zwischenresultate eines Expertensystems aufnimmt. Diese Struktur ist sinnvoll, wenn das Expertenwissen aus mehreren voneinander unabhängigen Wissensquellen oder Expertensystemen besteht. Das Blackboard ist meist hierarchisch organisiert. Jeder Datenaustausch zwischen Programmen (Wissensquellen) erfolgt über das Blackboard. Diese Struktur ist in *Hearsay-II* entwickelt worden.

Weltwissen:
Wissen über Objekte, Relationen, erlaubte Schlußregeln, Einschränkungen, übliche Dialoge und anderes mehr aus dem Anwendungsgebiet.

Werkzeug (toolkit):
Vorgefertigte Komponenten, die bei der Entwicklung eines Expertensystems anwendungsspezifisch modifiziert und zusammengefügt werden.

Wissensakquisition (knowledge acquisition):
Erweiterung der Wissensbasis eines Expertensystems durch direkte Interaktion zwischen Experten und Expertensystem, ohne Hilfe oder Zwischenschaltung des Knowledge-Engineers und ohne programmieren zu müssen. Wissenserwerb kann auch durch selbsttätiges Lernen des Expertensystems, durch Fallstudien und Protokolle, die das Expertensystem aufnimmt, geschehen.

Wissensbasis (knowledge base):
Die umfangreichste Komponente eines Expertensystems, die das für die Lösung von Problemstellungen in einem bestimmten Anwendungsgebiet benötigte Wissen enthält. Im Gegensatz dazu steht der Schlußfolgerungsmechanismus, dessen Aufgabe die Verarbeitung des in der Wissensbasis dargestellten Wissens ist.

Wissensbasierte Softwareentwicklung (knowledge engineering):
Teilbereich der Artificial Intelligence, der sich mit der Entwicklung von Expertensystemen beschäftigt sowie mit der Entwicklung von Methoden und Werkzeugen, die dazu benötigt werden.

Wissensbasierte Systeme (knowledge based systems):
Computer-Systeme, die Wissen beinhalten und zwar neben Faktenwissen auch mit Unsicherheiten behaftetes, heuristisches und subjektives Wissen. Die Formulierung dieses Wissens ist die Aufgabe des Knowledge Engineering.

Wissensdomäne (knowledge domain):
Ein abgegrenztes Wissensgebiet, wie z.B. die Konstruktion von Maschinen aus Modulen oder die Diagnose von Computer-System-Fehlern.

Wissensingenieur (knowledge engineer):
Person, die die Wissenbasis des Expertensystems aufbaut, indem sie das Wissen von menschlichen Experten extrahiert und in eine für das Expertensystem verständliche Repräsentationsform umwandelt.

Wissensquelle (knowledge source):
Ein Wissensmenge in einem bestimmten Bereich, in der Architektur von *Hearsay*-II eine Menge von Regeln bzw. ein Subsystem, das eine bestimmte Problemstellung zu lösen versucht und seine Ergebnisse an das Blackboard weitergibt.

Wissensrepräsentation (knowledge representation):
Das Forschungsgebiet der KI, das sich mit der Darstellung von Wissen im Computer beschäftigt.

Zustandsraum-Repräsentation (state-space representation):
Repräsentation, bestehend aus Zuständen, die Momentaufnahmen eines Systems darstellen und Operatoren, die angeben, auf welche Weise Zustände ineinander überführt werden können. Die Zustandsraum-Repräsentation findet insbesondere im Bereich der Modellierung von Spielen Anwendung. Unter der Lösung eines state-space-Problems versteht man eine Folge von Anwendungen der Operatoren, die einen gegebenen Anfangs- in einen Endzustand überführen.

II   Prolog-Programmbeispiel

```
/*****************************************************
*                                                   *
*            Bauer, Wolf, Ziege, Kohlkopf           *
*                                                   *
*****************************************************/

:- nl, write('Transport beginnt nach Eingabe von "wzk."'), nl.

/*

        Aufruf
        ******
*/

wzk :-
   nl,
   fahre_nach_rechts( ['Ziege', 'Wolf', 'Kohl'], X, [] ).


/*

        Fakten
        ******
*/

nicht_erlaubt( ['Ziege', 'Wolf'] ).
nicht_erlaubt( ['Wolf', 'Ziege'] ).
nicht_erlaubt( ['Ziege', 'Kohl'] ).
nicht_erlaubt( ['Kohl', 'Ziege'] ).


/*

        Regeln
        ******
*/


fahre_nach_rechts( [], Boot, Rechts ) :-
        /* Transport beendet, protokolliere Endzustand : */
        protokoll([], Boot, Rechts).
fahre_nach_rechts( [HL | TL], Boot, TR ) :-
        /* Protokolliere Ausgangszustand für Fahrt : */
        protokoll([HL|TL], Boot, TR),
        /* erzeuge (nach Backtracking) verschiedene Anordnungen : */
        perm([HL|TL], [HL1|TL1]),
```

```prolog
/* transportiere, wenn links erlaubter Zustand verbleibt : */
not nicht_erlaubt(TL1),
fahre_nach_rechts_boot(TL1, HL1, TR).


fahre_nach_rechts_boot( TL, Boot, TR) :-
        /* protokolliere Transport nach rechts : */
        protokoll(TL, Boot, TR),
        (          not nicht_erlaubt( [Boot|TR] ), !,
                   /* rechts erlaubter Zustand, nächster Transport : */
                   fahre_nach_rechts(TL, X, [Boot|TR])
        ;          umkehren([Boot|TR], Umgekehrt),
                   /* sonst transportiere ein Ding zurück : */
                   fahre_nach_links(TL, X, Umgekehrt)
        ).


fahre_nach_links( TL, Boot, [HR | TR] ) :-
        /* protokolliere Ausgangszustand für Fahrt : */
        protokoll(TL, Boot, [HR|TR]),
        /* transportiere, wenn rechts erlaubter Zustand verbleibt : */
        not nicht_erlaubt(TR),
        fahre_nach_links_boot(TL, HR, TR).

        fahre_nach_links_boot( TL, Boot, TR) :-
                /* protokolliere Transport nach links : */
                protokoll(TL, Boot, TR),
                /* und hole anderes Ding nach rechts : */
                umkehren([Boot|TL], Umgekehrt),
                fahre_nach_rechts(Umgekehrt, X, TR).


/*

        Hilfsprädikate
        ***************
*/


loesche( X, [X | T], T ).
loesche( X, [H | T], [H | T1] ) :-
        loesche(X, T, T1).


perm( [], [] ).
perm( L, [H | T] ) :-
        loesche(H, L, L1),
        perm(L1, T).
```

```prolog
umkehren( [], [] ).
umkehren( [H | T], Umgekehrt ) :-
        umkehren(T, Z),
        append(Z, [H], Umgekehrt).


protokoll( Links, Boot, Rechts ) :-
        write_abstand(Links),
        (           var(Boot), write('‹leeres Boot›')
        ;           write('‹'), write(Boot), write('›'), abstand
        ),
        abstand, write(Rechts), nl.

write_abstand( Liste ) :-
        write(Liste),
        tabulator(Liste, ['        ','        ','        ']).

tabulator( [], [] ).
tabulator( [], [_ | RestTabs] ) :-
        abstand, tabulator( [], RestTabs).
tabulator( [Item], Tabs ) :-
        tabulator( [], Tabs ).
tabulator( [Item | Rest], [Tab | MoreTabs] ) :-
        tabulator( Rest, MoreTabs).

abstand :-
        write('  ').
```

Sachverzeichnis